弗布克培训寓言故事游戏全案系列

团队建设能力培训全案

（第3版）

付伟 编著

人民邮电出版社

北 京

图书在版编目（CIP）数据

团队建设能力培训全案／付伟编著．—3版．—北京：人民邮电出版社，2014.10
（弗布克培训寓言故事游戏全案系列）
ISBN 978-7-115-36815-7

Ⅰ．①团… Ⅱ．①付… Ⅲ．①企业管理—组织管理学—通俗读物 Ⅳ．①F272.9-49

中国版本图书馆 CIP 数据核字（2014）第 189584 号

内 容 提 要

团队建设能力是管理者有效实现组织目标的一项关键能力，也是每位管理者都应具备的管理技能。

本书在第 2 版的基础上，采用"寓言＋故事＋游戏"相结合的方式，将团队建设能力细化为 11 个方面，提供了一整套拿来即用的培训方案。书中介绍了团队目标、角色认知、团队执行、团队协作、团队信任、团队沟通、团队领导、团队激励、团队学习、团队压力和团队危机共 11 项团队建设能力。

本书适合企业培训师、企业管理者、高校教师等相关人士阅读、使用。

◆ 编　著　付　伟
　　责任编辑　刘　盈
　　责任印制　杨林杰

◆ 人民邮电出版社出版发行　　北京市丰台区成寿寺路 11 号
　　邮编 100164　电子邮件 315@ ptpress. com. cn
　　网址 http:// www. ptpress. com. cn
　　北京天宇星印刷厂印刷

◆ 开本：787×1092　1/16
　　印张：16.5　　　　　　　　　　2014 年 10 月第 3 版
　　字数：100 千字　　　　　　　　2025 年 1 月北京第 33 次印刷

定　价：55.00 元

读者服务热线：（010）81055656　印装质量热线：（010）81055316
反盗版热线：（010）81055315
广告经营许可证：京东市监广登字 20170147 号

"弗布克培训寓言故事游戏全案系列" 第 3 版序

对**管理者**而言，具备过硬的管理能力是其**第一竞争力**。只有不断提升管理者的管理能力和管理水平，才能提高企业的竞争力和管理者自身的领导力。

对**培训师**而言，讲故事是必备技能。培训师往往通过一些**"小故事"**来阐释管理中的**"大道理"**，从而引发学员思考，使管理中的一些棘手问题通过生动有趣的故事迎刃而解。

对**教师**而言，故事和游戏则是**活跃课堂的催化剂**。生动有趣的寓言故事，可以让严肃的课堂变得笑声朗朗，并引发学生们的思考。

对**职场人士**而言，自我超越与提升是其拓宽职业道路的**有力武器**。耐人寻味的故事，能让人豁然开朗，有"顿悟"之效；好的故事也往往是深受职场人士喜爱的培训素材。

对**一般读者**而言，获得素质提升和能力突破是**每个人的强烈愿望**。通俗易懂的寓言故事，则是打开思维的钥匙和能力突破的支点。

"弗布克培训寓言故事游戏全案系列"图书自 2008 年出版以来，深受广大读者的欢迎，很多读者通过各种方式对本系列图书的不足之处提出了中肯的意见和建议。在吸取广大读者意见的基础上，本系列图书第 3 版进一步调整了部分能力体系的讲解维度，修改、添加了一些寓言、故事和游戏，以便读者更轻松地阅读和使用书中的内容。

本系列图书的总体编写框架是将**寓言、故事、游戏**三者结合在一起，以达到**"在寓言中想问题""在故事中学管理""在游戏中找方法"**的目的。同时，本系列图书试图从"寓言启思""故事示范""游戏体验"三个角度，使受训者从**"思维"**到**"行动"**都能够得到切实提高，从而构建起一套**"寓言＋故事＋游戏"**相结合的培训体系。为了方便读者检测自我能力的差距，我们还对每种能力都配备了一套自测题。

另外，本系列图书将管理能力细化为**领导、绩效、执行、沟通、激励、教练、创新、用人、问题解决、团队建设**共 10 项能力，并将每项能力按照各自的维度进一步分解为**"能力子项"**，帮助读者有针对性地学习和运用。

总体而言，本系列图书具有以下四大特点。

1. 自测自检

本系列图书针对每种能力都提供了测试题，共计近 1000 道。这些测试题是学习者进行自测、自检，从而发现差距的有效工具。

2. 寓言启思

以动物世界、植物世界、海洋世界为原型，引发读者思考，拓展读者的思维，让受训者的思维能够得到某种程度冲击，帮助他们延伸思考或有所感悟。

3. 故事示范

用生活中和管理中的故事引出管理中的问题，量化差距，可以让受训者从中学到缩小差距、提高能力的方法和技巧。

4. 游戏体验

以游戏的方式，让受训者深刻体会到自己与他人能力的差距。因为只有参与其中，成为当事人，受训者才能真正认识到差距，也才能真正缩小差距。

领导、绩效、执行、沟通、激励、教练、创新、用人、问题解决、团队建设这 10 项能力，基本上涵盖了管理者必备的能力范围。我们之所以花一年多的时间将管理能力如此细分，并采取**"寓言＋故事＋游戏"**相结合的方式且增配了自测题，就是为了方便管理者、培训师、教师和一般读者阅读、使用。

衷心希望广大读者有好的故事能与弗布克案例故事中心分享，我们也会沿着这个方向不断完善我们的故事内容，创作出更好的作品。

前　言

团队建设能力是管理者有效实现组织目标的一项关键能力，也是每位管理者都应具备的管理技能。那么，如何才能组建一支高效执行的团队？如何提升自己的团队沟通能力？如何提升自己的团队领导能力？如何激励团队？如何建立学习型团队？如何面对团队的压力？如何面对并处理团队危机？

本书从**团队目标、角色认知、团队执行、团队协作、团队信任、团队沟通、团队领导、团队激励、团队学习、团队压力、团队危机**共 11 个方面，细化了组建团队的各项能力，帮助管理者解决了上述问题。本书的具体内容框架如下。

1. **团队目标**：提升管理者团队目标设定和组织实施目标并对目标进行评估的能力。

2. **角色认知**：提升管理者在团队中自我认知、自我定位、角色扮演和转换的能力。

3. **团队执行**：提升管理者在团队中高效执行团队目标和有效解决团队问题的能力。

4. **团队协作**：提升管理者与团队成员之间密切配合、相互协助，解决问题的能力。

5. **团队信任**：提升管理者与团队成员之间坦诚相待、相互信任、互助互协的能力。

6. **团队沟通**：提升团队成员与其他成员进行积极沟通以协调相互间的行动的能力。

7. **团队领导**：提升管理者指挥、引导以及鼓励团队成员积极达成团队目标的能力。

8. **团队激励**：提升管理者进行自我激励和采用各种激励方式激励团队成员的能力。

9. **团队学习**：提升管理者组织团队经验总结和知识学习及创建学习型团队的能力。

10. **团队压力**：提升管理者缓解团队过重压力及将团队压力成功转化为动力的能力。

11. **团队危机**：提升管理者的团队危机意识及对危机识别、预防和有效应对的能力。

在本书编写的过程中，刘井学、孙立宏、孙宗坤负责资料的收集、整理，任玉珍、赵雪然、贾月、张茜负责各种图表模板的制作和编排，金成花、张娜参与修订了本书的第一、二章，张俊斌、王胜会参与修订了本书的第三、四章，金成哲参与修订了本书的第五章，王春霞参与修订了本书的第六章，李育蔚参与修订了本书的第七章，王琴参与修订了本书的第八章，杨彩参与修订了本书的第九章，陈里参与修订了本书的第十章，赵全梅参与修订了本书的第十一章，刘柏华参与修订了本书的第十二章，全书由付伟统撰定稿。

目　录

PART 1

第一章

团队建设能力培养与培训提升

第一节　团队建设能力在管理中的应用

团队建设就是把不同背景、不同个性、不同专长和不同经验的人组织在一起，使他们成为一个富有成效的工作团队。

齐桓公依照鲍叔牙的计策，将他昔日的仇人管仲请回了齐国。两人长谈了三天，详细讨论了从如何成就霸业、如何利民到如何解决内政等问题。由于双方谈得很投机，齐桓公当即决定拜管仲为相，管仲却婉言谢绝了。

就在齐桓公不解的时候，管仲表达出了自己的看法："臣闻大厦之成，非一木之材；大海之润，非一流之归也。君必欲成其大志，则用五杰。"管仲接着说道："升降揖逊，进退闲习，辨辞之刚柔，臣不如隰朋，请立为大司行；垦草莱，辟土地，聚粟众多，尽地之利，臣不如宁越，请立为大司田；平原广牧，车不结辙，士不旋踵，鼓之而三军之士，视死如归，臣不如王于成父，请立为大司马；决狱执中，不杀无辜，不诬无罪，臣不如宾须无，请立为大司理；犯君颜色，进谏必忠，不避死亡，不挠富贵，臣不如东郭牙，请立为大谏之官。君若欲治国强兵，则五子者存矣，若欲霸王，臣虽不才，强成君命，以效区区。"此后，隰朋、宁越、成父、宾须无、东郭牙五人分别因管仲的举荐担任了相应的职务。在管仲及其核心团队的努力下，齐桓公终于实现了"九合诸侯、一匡天下"的宿愿。

团队并不是由一群完美无缺的成员组成的，管理者要设法发挥团队成员各自的优点，抑止其缺点，只有这样才能组成一支高效的团队。

第二节　四大维度提升团队建设能力

森林王国举办职业技能大赛，三只小猴比赛垒墙。比赛规则是先把土坯垒成墙，然后在墙的外面抹上一层白色的泥，看谁垒得又快又好。

比赛开始了。

第一只小猴想，反正外面要抹一层白泥的，里面用不用泥没关系。于是它没有用泥作黏合物，就直接把土坯垒在了一起，然后在外面抹了白色的泥。在垒土坯的时候，中间还坍塌了两次，不过最后还是完成了。

第二只小猴想，反正外面要抹一层白泥的，里面好看不好看没关系。于是它用泥将土坯一块块黏合在一起垒成了墙，根本没有考虑土坯与土坯之间是否咬合，然后也在外面抹上了一层白色的泥。在垒土坯的时候，中间坍塌了一次。

第三只小猴没有多想，比赛一开始，它就有条不紊地开始了自己的工作。它首先把要垒墙的地方铲平，然后把土坯一层一层地垒上去。在垒墙的过程中，它不仅把用来黏合土坯的泥抹得非常均匀，而且十分注意土坯与土坯之间的咬合与连接。墙垒好以后，它也认真地在墙的外面抹上了一层白色的泥。

大约两小时后，三堵外表几乎一模一样的墙立在了大家的面前。三只小猴分别站在自己的作品前，等待评委们的评判。评委会由狐狸、小兔和从森林外请来的老牛组成。评判从第一只小猴的墙开始，大家先围着墙转了一圈。

突然，评委老牛打了个喷嚏，第一只小猴垒的墙应声倒塌了，吓得狐狸赶紧往旁边躲，不小心撞上了第二只小猴垒的墙，第二只小猴垒的墙也倒了，差点把小兔的脚给砸了。只剩下第三只小猴垒的墙了，老牛走到墙跟前，用它那强壮的身体使劲撞去，墙依然屹立在那里。结果自然是第三只小猴得了冠军。

为什么三堵外表几乎一模一样的墙，有的使劲撞都撞不倒，有的一个喷嚏就给震倒了？其原因就在于墙的内部结构不同。

其实，在企业中，管理者也经常碰到类似的情况。团队建设并不是简单的"1＋1＝2"。如果团队成员之间缺少了沟通和协作，就会像第一只小猴和第二只小猴垒的墙一样，经不起外界的任何风吹草动。

要打造一支优秀的团队，管理者必须提升团队建设能力，使每一位团队成员都具备相互信任、沟通、协作与配合的精神，并在此基础上形成巨大的凝聚力和竞争力。提升团队建设能力需要从以下几方面入手，具体如下图所示。

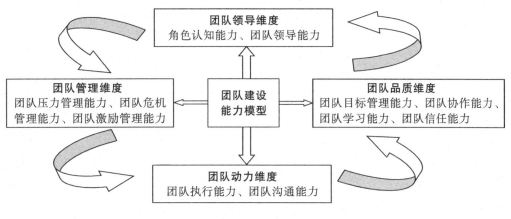

团队建设能力模型图

一、团队领导维度

团队领导维度要求团队领导者能够建立团队的共同愿景、共同价值观，帮助团队成员进行角色定位等。为了改善团队建设能力，需要提升角色认知能力、团队领导能力。

二、团队管理维度

团队管理维度可以强化团队成员的自我管理，加强团队问题管理、团队效率管理等。为了改善团队建设能力，需要提升团队压力管理能力、团队危机管理能力和团队激励管理能力。

三、团队动力维度

团队动力维度要求加强团队成员之间的反应能力、互动能力及行动能力等。为了改善团队建设能力，需要提升团队执行能力、团队沟通能力。

四、团队品质维度

团队品质维度是改善团队学习能力、增强团队凝聚力的有效手段。为了改善团队建设能力，需要提升团队目标管理能力、团队协作能力、团队学习能力和团队信任能力。

PART

2

第二章

提高团队目标管理能力

在企业中，团队目标管理能力是指管理者团队目标设定和组织实施目标并对目标进行评估的能力。请通过下列问题对自己的该项能力进行差距测评。

1. 你认为下面的哪个目标可以作为团队的目标？
   A. 产量翻倍　　　　　　　　　　　B. 进入前三名
   C. 力争上游

2. 你如何制定团队目标？
   A. 大部分成员可以完成　　　　　　B. 团队成员经过努力可以完成
   C. 保证团队成员都能完成

3. 你如何限定团队目标实现的时间？
   A. 比正常的时间稍微短一些　　　　B. 按照正常的时间
   C. 没有时间限制

4. 在实现团队目标的过程中，当有更大的利益出现时，你如何决策？
   A. 抓住既定的目标　　　　　　　　B. 根据情况决定是否改变目标
   C. 马上改变目标

5. 在你的团队中，团队成员是否非常清楚团队的目标？
   A. 十分清楚，方向明确　　　　　　B. 部分人员清楚
   C. 只有核心人员清楚

6. 在实现团队目标的过程中，你如何平衡个人目标与团队目标间的关系？
   A. 总会保持一致　　　　　　　　　B. 优先考虑团队目标
   C. 最好都要兼顾

7. 在为团队成员分配任务时，你如何分配？
   A. 告知团队和个人目标　　　　　　B. 向重要成员告知团队和个人目标
   C. 只告知个人目标

8. 当你发现你的团队成员偏离了团队目标时，你怎么办？
   A. 立即校正，保持目标一致　　　　B. 重申并明晰团队目标
   C. 视偏差程度而定

9. 你经常怎样向团队成员传达目标？
   A. 重点沟通，明确到主要的人　　　B. 明确到每一个人
   C. 会议传达

10. 假如你是唐僧，在取经的路上经过女儿国，你会如何决策？
    A. 继续取经　　　　　　　　　　　B. 带着女儿国国王去取经
    C. 留下，与女儿国国王成婚

选 A 得 3 分，选 B 得 2 分，选 C 得 1 分

24 分以上，说明你的团队目标管理能力很强，请继续保持和提升。

15~24 分，说明你的团队目标管理能力一般，请努力提升。

15 分以下，说明你的团队目标管理能力很差，亟需提升。

第一节 团队目标管理能力培养与训练提高

一、团队目标要清晰

一个优秀的团队必定拥有一个合理的目标，共同一致的目标可以使团队迸发出巨大的力量。但是，仅仅有了目标还不够，团队目标能否有效达成，还有赖于团队是否进行了科学的目标管理。

某企业在对员工进行培训时，做过这么一项实验，让30位员工分为三组参加户外徒步行走项目，由培训讲师分别带队，具体内容如下。

1. 第一组人：不告诉他们去哪儿，也不告诉他们目的地有多远，只叫他们跟着培训师走即可。

2. 第二组人：告诉他们去哪儿，要走多远。

3. 第三组人：既告诉他们去哪儿和有多远，又在沿途每隔一公里的地方树一个标志性的路牌，将整段路程划分为几个阶段性的目标，直至到达终点。

在行走过程中，培训人员发现，刚走了三公里左右，第一组的员工就开始抱怨且情绪低落；再走了一段路程，第二组的员工情绪比活动开始初期明显降低，当走完路程的三分之二时，所有人已兴致全无，都无精打采地缓慢前进；第三组的员工，因每走一段便知晓完成目标的情况，一路上，大家情绪较高，最后，领先其他两组达到目的地，第二小组次之，第一小组最后到达。

第一组完全没有目标，他们很快就因为行动过程中没有方向而毫无精神；第二组虽然有了目标，但在行动中缺乏达成目标应有的成就感，最后他们也失去了斗志；第三组不但拥有目标，而且在实现目标的过程中清楚地知道目标的完成情况，并不断地受到激励，享受到了目标达成带给他们的快乐，最终他们情绪高涨地到达了目的地。

对比三个小组可以清楚地发现，高效率的团队首先必须有明确的目标，在实现目标的过程中还要进行团队目标管理，这就要求管理者不断提高自身的目标管理能力。

二、目标管理四阶段

（一）团队目标制定阶段

制定团队目标是一个系统的过程。目标制定阶段除了需要明确团队目标外，还需要规定达成目标的标准、实现目标的方法，分析完成目标所需的条件等。制定团队目标应遵循以下原则。

1. 团队目标与组织目标相一致。团队目标必须服从和服务于组织目标，团队目标实现的目的也是为了组织总体目标的实现。

2. SMART 原则，其具体内容如下：

（1）S（Specific），团队目标要明确、具体；

（2）M（Measurable），团队目标要可度量；

（3）A（Attainable），团队目标在付出努力后要能够实现；

（4）R（Realistic），团队目标应该是实实在在的，可以被证明和被观察到的，并非假设的；

（5）T（Time-bound），团队目标必须规定实现的期限。

3. 灵活性原则

团队目标要具有一定的可调整性。面对实施过程中可能发生的环境和条件变化，以及来自其他方面的随机性干扰，目标本身要具有一定的适应能力。另外，不仅要使目标具有可调整性，而且要对主要目标值和应对措施留有余地，准备多种实施方案，以便当环境发生变化时，既有适应变化的预备方案，又有临时应急的有效措施。

（二）目标分解阶段

在目标分解阶段要把大的目标分成若干个小目标，尽量把目标量化到各个部门及至各个成员，这样才有利于目标的实施与达成。

（三）目标实施阶段

在目标的实施阶段，一方面团队管理者应授予下属一定的权限，并明确其责任，给他们施展才能的空间，激发他们的工作热情；另一方面，团队管理者要检查和控制目标的执行情况和阶段性目标的完成情况，并纠正实施过程中出现的偏差。

（四）目标评估与调整阶段

目标评估是指对目标实施成果进行检查和评价，即把实现的成果同原来制定的目标相比较，以检查目标实施的进度、质量、均衡和落实情况。目标调整是指根据目标对策（措施）的落实情况，及时地发现问题和解决问题。

第二节　提高团队目标管理能力的 3 个寓言

一、土狼只盯一目标

? 管理者如何理解团队目标的重要作用

? 管理者应如何为团队制定合理的目标

土狼只盯一目标

　　草原上，一群小角马正在嬉戏。其中一只角马特别活泼，又蹦又跳，经常飞快地冲到远处，再突然停止，头一扭，跑回到同伴的身边。

　　远处有一群土狼，一动不动地蹲在那儿静静地注视着那只活泼的小角马。当小角马跑累了停下来时，土狼们突然冲了过去。

　　草原上有成百上千只角马，但土狼们只追那一只小角马，它们认准了目标，好像仇人一般。

　　"就是它！"土狼们大声叫嚷着冲过去。即使别的角马比小角马还近些，它们也不改变目标，一追到底。

　　以小角马平时的速度土狼们绝对追不上，只怪它先前又蹦又跳消耗了太多的体力，土狼们又穷追不舍，小角马终于体力不支，被土狼一拥而上咬死了。

- 团队目标为团队成员指明了奋斗方向，使团队成员有了凝聚在一起的力量，它也是团队成员创造良好绩效的基础和前提。
- 没有目标的团队就好像汪洋中的一条船，不仅会迷失方向，还可能会触礁，团队存在的价值和意义会大打折扣。

二、小猴多了两块表

❓ 管理者如何看待团队应该保持目标唯一

❓ 管理者如何为团队制定清晰明确的目标

小猴多了两块表

森林里生活着一群猴子，每天太阳升起的时候，它们外出觅食，太阳落山的时候回去休息，日子过得平淡而幸福。

一名游客穿越森林，把手表落在了树下的岩石上，被猴子猛可捡到了。聪明的猛可很快就弄清了手表的用途，于是它成了整个猴群的明星，每只猴子都渐渐习惯向它请教确切的时间，尤其是在阴雨天的时候。后来，整个猴群的作息时间也由猛可来规定，它逐渐建立起威望，最后当上了猴王。

做了猴王的猛可认识到，是手表给自己带来了机遇与好运，于是它每天花大量时间在森林里寻找，希望能够得到更多的手表。果然，猛可相继得到了第二块、第三块手表。

但出乎猛可意料的是，得到了三块手表反而有了新的麻烦，因为每块手表显示的时间都不相同，它不能确定哪块手表上显示的时间是正确的。群猴也发现，每当有猴子来询问时间时，猛可总是支支吾吾回答不上来。猛可的威望由此而大降，整个猴群的作息时间也变得一塌糊涂。

- ☄ 团队目标能够有效地协调团队成员的行动，使团队成员有序地相互配合、互相支援，最终使整个团队的绩效得到快速提高。
- ☄ 团队目标应该清晰明确，并具有唯一性。相互冲突的多重目标会使团队成员感到困惑甚至迷失方向，最终造成整个团队的运营紊乱和效率低下。

三、老鼠偷油命不保

❓ 管理者如何使团队成员达成一致的团队目标

❓ 管理者如何处理个人目标与团队目标的关系

老鼠偷油命不保

　　有三只老鼠一同去偷油，它们到了油缸边一看，油缸里的油只剩一点点，并且缸身太高，谁也喝不到。于是它们想出一个办法：一只老鼠咬着另一只老鼠的尾巴，吊下去喝，第一只老鼠喝饱了，上来，再吊第二只老鼠下去……

　　第一只老鼠最先吊下去喝，它在下面想："油只有这么一点点，今天算我幸运，可以喝个饱。"第二只老鼠在中间想："下面的油是有限的，假如让它喝完了，我还有什么可喝的呢？还不如放了它，自己跳下去喝呢！"第三只老鼠在上面想："油很少，等它俩都喝饱，还有我的份吗？不如早点放开它们，自己跳下去喝！"

　　于是，第二只老鼠放了第一只老鼠的尾巴，第三只老鼠放了第二只老鼠的尾巴，都只管自己抢先跳下去。结果它们都落在油缸里，最终因为谁也没有逃出来而饿死了。

▰ 为了使团队成员达成一致的目标，并获得共同达成该目标的承诺，建立目标责任是取得成功的关键。

▰ 团队成员为了个人目标而不顾团队总目标，将会给团队造成危害。因此，团队成员要具有奉献精神和大局观念。

第三节　提高团队目标管理能力的 5 个故事

一、张骞目标终未变

❓ 管理者如何理解坚持不懈对于目标实现的意义

❓ 管理者应该如何坚定自己实现团队目标的决心

张骞目标终未变

　　汉武帝悬赏招募出使西域的使者，张骞以郎官身份勇敢应募。汉武帝很欣赏张骞的胆识，当即给他选派100多名随行人员，还派了一名叫甘父的匈奴人作向导。第一次出使西域，张骞被匈奴俘获，羁押十余年，并被迫在匈奴娶妻生子，但这并没有动摇他要完成出使任务的决心。终于，张骞抓住了一个机会与甘父率领部属逃出，继续向西，历经艰辛终于到达了大月氏。在大月氏逗留一年多，虽然未能促使其与汉朝结盟，张骞却获得了大量有关西域各国的人文地理知识。

　　从大月氏返回汉朝的途中，张骞又被匈奴拘捕，被扣留一年多，后趁匈奴内乱逃出，并历经艰辛返回汉朝。他出使时带着100多人，历经13年至他返回汉朝时，只

（续）

剩下他和甘父两人了，虽然未达到原来的目的，但张骞对于西域一些国家的地理、物产、风俗习惯、政治、军事等情况有了比较详细的了解，不仅为汉朝开辟通往中亚的交通要道提供了宝贵的资料，还大大激发了汉武帝"拓边"的雄心。

启思

↗ 有了目标就要实现，目标的实现靠坚定的行动，坚定的基础是恒心和毅力。

↗ 管理者要善于重用有坚定信念的成员，并安排其担任团队领导，只有这样才能使团队在实现目标的过程中利益最大化。

二、多鸟在网飞不远

目标

❓ 管理者如何帮助成员正确认识个人目标与团队目标的关系

❓ 为了达成团队总目标，管理者应该怎样来协调团队成员的行动

故事   多鸟在网飞不远

有一个猎人，在湖沼旁张网捕鸟。不久，很多大鸟都飞入了网中，猎人非常高兴，赶快收网准备把鸟抓出来。没想到鸟的力气很大，反而带着网子一起飞走了，猎人只好跟在网后拼命追。

一个农夫看到了，笑猎人："算了吧，不管你跑得多快，也追不上会飞的大鸟呀。"

（续）

> 猎人却很坚定地说："如果网子里只有一只鸟，我就真追不上它，但现在有很多鸟在网子里，我一定能追到。"
>
> 果然，到了黄昏，所有的鸟儿都想回自己的窝，有的要回森林，有的要回湖边，有的要回草原。于是那一大群鸟就跟着网子一起落地，被猎人抓到了。

- 没有领导的团队只是乌合之众，不能团结一致达成目标。
- 团队成员若更多地考虑个人目标而忽视了团队的共同目标，则可能产生不必要的内耗，最终损害团队的整体利益，也会使个人利益受损。

三、唐僧取经勇向前

? 管理者应如何看待目标对团队的重要性

? 管理如何在团队行动中坚持并实现目标

 唐僧取经勇向前

> 西天取经的故事在中国是家喻户晓的。孙悟空、猪八戒和沙僧保护唐僧去西天取经。
>
> 在取经路上，孙悟空能七十二变、降妖除魔、冲锋陷阵；猪八戒虽然贪吃贪睡，但打起仗来也能上天入海，助猴哥一臂之力；沙僧憨厚老实、任劳任怨，把大家的行李挑到西天；唐僧最舒服，不仅一路上有马骑、有饭吃，而且妖魔挡道也不用动一根指头，自有徒儿们奋勇上阵。

（续）

那么，在他们四个当中，谁最重要呢？唐僧！

为什么呢？在孙悟空一赌气回了花果山，猪八戒开小差跑回高老庄，沙僧也犹豫离开的情况下，唐僧毅然孤身一人奋勇向前，不达目的誓不罢休。

因为，唐僧知道为什么要去西天，他知道他为什么这样做，他知道他想要什么，所以，无论路途多么艰险，无论多少妖魔挡道，唐僧都毫无畏惧，奋勇向进。三个徒弟并不知道为什么要去西天，他们只是知道保护好唐僧就行，至于为什么要保护好唐僧，他们不用去考虑，他们知道的是怎样做，并且怎样做好。

最后，唐僧不仅取回了真经，而且使三个徒弟功德圆满。

- ⚡ 一个没有目标或者目标不坚定的团队是坚持不到最后的。
- ⚡ 志不强者智不达，言不行者行不果。意志不坚定的人，是不会看到最终的胜利的。管理者要意志坚定，引领整个团队朝着既定目标努力。

四、兄弟赛跑贼没辙

? 团队成员在执行过程中怎样才能不偏离团队目标

? 团队成员在实现团队目标的过程中如何才能团结

　兄弟赛跑贼没辙

有一对兄弟因为跑得特别快而闻名乡里。但是，他俩跑得差不多快，很难分出胜负，于是两人总想找个机会比试比试。

（续）

有一次，他们家被偷。那个贼还没跑太远，家里人叫他们赶快去追。兄弟俩立即追去，不一会儿，他们就看见贼的身影了。哥哥心想：千万不能让弟弟先追上。弟弟心想：一定要跑在哥哥前面。于是，两人都暗暗发力，速度越来越快。

哥哥一看弟弟也在加速就发火了："你还想和我比赛呐？好吧，我今天要让你瞧瞧，看谁跑得快？"于是，他的速度更快了。

弟弟没有说话，他也憋着一肚子的怒气："你不是觉得自己快吗？我今天一定要和你分个高下。"

不一会儿，他们同时撵上窃贼。兄弟俩一看，没有分出输赢，这可不行，一咬牙，继续跑了下去。很快，贼就被他俩甩到后面去了。

正当兄弟俩往前跑得起劲儿时，迎面来了一个朋友，问他们为什么这么拼命地跑。两人边跑边说："我们在比赛谁先撵上贼！"

"贼呢？"朋友问。

两人猛然醒悟，贼早就被他们超过了。回头寻找时，贼早已没了踪影。

- ✎ 团队目标是团队成员前进的方向。团队成员在达成目标的过程中，不能舍本逐末、为了细枝末节的小事而偏离团队目标，否则将会得不偿失。
- ✎ 在实现团队目标的过程中，团队成员只有同心同德、紧密团结、相互协作，才能提高行动的效率，做到事半功倍，尽早实现团队目标。

五、三士只为二桃乱

❓ 如何让团队目标和个人目标实现协调统一

❓ 如何利用对方团队成员间的矛盾击败对手

三士只为二桃乱

公孙接、田开疆、古冶子是刘景公手下的三勇士，他们都很有力气，能赤手空拳与老虎搏斗。

大夫晏子从他们身旁经过，小步快走以示敬意，这三人却不站起来，非常失礼。于是，晏子向景公进谏，说："我听说贤能的君王蓄养的勇士对内可以禁止暴乱，对外可以威慑敌人，上面赞扬他们的功劳，下面佩服他们的勇气，所以使他们有尊贵的地位、优厚的俸禄。现在君王所蓄养的勇士，对上没有君臣之礼，对下不讲长幼之分，对内不能禁止暴乱，对外不能威慑敌人。这些祸国殃民之人，不如赶快除掉。"景公说："这三个人力气大，硬拼是不行的，暗杀怕刺不中。"晏子说："这些人虽然力大好斗，不惧强敌，但不讲究长幼之礼。"建议景公派人赏赐他们两个桃子，请他们三个人按功劳大小分吃这两个桃子。

三人果然如晏子所料开始摆自己的功劳，公孙接、田开疆都表示自己的功劳可以独自吃一个桃子，但古冶子也认为自己可以独自吃一个桃子，并站起身抽出宝剑。公孙接、田开疆说："我们的勇敢比不上您，功劳也赶不上您，拿桃子也不谦让，这就是贪婪，然而活着不死，还有什么勇敢可言？"于是二人都交出桃子，然后自刎。古冶子看到这种情形，说道："你们两个都死了，唯独我一人活着，这就是不仁；用话语去羞辱别人，吹捧自己，这就是不义；悔恨自己的言行，却又不敢去死，这是无勇。"他感到很羞愧，于是也刎颈自杀了。

晏子只用两个桃子，便为国除掉了隐患。

⚡ 愚蠢的团队成员会忘记团队目标自相残杀，最终无人收益。
⚡ 有时候团队间的不团结会造成全军覆没。

第四节　提高团队目标管理能力的两个游戏

一、目标决定了距离

? 让游戏参与者明白设定目标的重要性

? 适当地挑战自己，以发掘自己的潜能

 目标决定了距离

人数	6 人以上	时间	5～10 分钟
场地	地面平坦的场地	用具	一根绳子（长约 5 米）
游戏 步骤	1. 将学员按身高、体重、性别分成实力相当的 A、B 两组。 2. 将绳子拉直放在地面（要求平整）上，要求学员在距绳子 40 厘米处并排站立。 3. 让所有学员下蹲，用手紧握脚后跟，以此姿势向前跳，规定只能跳一次。 4. 对 A 组学员向前跳跃的距离不做任何规定。 5. 要求 B 组的学员必须跳过前面这根绳子。		
问题 讨论	1. 观察一下两组学员跳跃的平均距离有什么差距？为什么会有差距？ 2. 设定合适的挑战性目标对我们的发展有什么好处？		
培训 技巧	1. 进行此项任务前，可让学员进行一些准备活动，如舒展筋骨。 2. 游戏结束后，让学员体会此次游戏的目的。		

> 🦷 管理者应该为团队成员设立团队目标，通过目标管理和驱动使团队成员能够完成任务。
> 🦷 团队应该有一个既定的目标，为团队成员指明方向，让他们知道要向何处去。缺乏目标，团队就失去了存在的价值。

二、目标实现靠合作

❓ 培养游戏的参与者勇于战胜困难的决心和勇气

❓ 让参与者体验合作对于实现团队目标的重要性

目标实现靠合作

人数	10 人以上	时间	不限
场地	有墙的场地	用具	墙（高约 4 米）
游戏步骤	1. 学员在墙前集合，分成人数相等的两组。 2. 两组分别翻越墙，用时短者获胜（从开始计时到最后一名学员的脚落地）。		
问题讨论	1. 如何在有限的时间内合理进行计划，以达到最优的效果？ 2. 讨论团队合作的重要性？		
培训技巧	1. 团队成员只能通过相互合作翻越高墙。 2. 做好游戏过程中的安全防护工作。		

- 目标具有导向功能，可以使团队成员齐心协力，拧成一股绳，共同朝着一个方向前进。
- 目标可以激发人的动机，引导人的行为。有挑战性的目标具有激励作用，能够激发团队成员的积极性、主动性和创造性。

PART

3

第三章

提高角色认知能力

在团队中，角色认知能力是指管理者在团队中自我认知、自我定位、角色扮演和转换的能力。请通过下列问题对自己的该项能力进行差距测评。

1. 你如何认识团队中的各个角色？
A. 每个角色都是必需的　　　　B. 有主角和配角
C. 有的角色可以去掉或合并

2. 你如何看待自己在团队中的位置？
A. 我的位置和其他成员一样重要　B. 有时会发挥重要作用
C. 我的位置最重要

3. 执行不同的任务时，你如何转换自己的角色？
A. 主动转变，总能扮演新的角色　B. 因任务而变
C. 保持一定的姿态

4. 你如何看待自己在团队中的优缺点？
A. 能认清自己的优缺点　　　　B. 经常看到自己的缺点
C. 经常看到自己的优点

5. 你如何看待你在团队中所扮演的角色？
A. 在协作中才能发挥作用　　　B. 发挥一定的重要作用
C. 处在非常重要的位置

6. 你如何看待自己的角色和他人角色的区别？
A. 都是不可或缺的　　　　　　B. 不能简单地比较和区别
C. 有重要程度的区别

7. 你如何看待团队的领导？
A. 领导是一种行为　　　　　　B. 领导是团队的组织者和协调者
C. 领导是一种职位

8. 你如何面对角色在客观上存在的差异？
A. 分工产生差异　　　　　　　B. 责任产生差异
C. 能力产生差异

9. 取经团队中，你如何认识孙悟空的角色？
A. 推进者　　　　　　　　　　B. 创新者
C. 信息者

10. 你如何看待岗位互换？
A. 无规划就会失去本来目的　　B. 能在一定程度上得到提高
C. 可以感悟不同角色

选 A 得 3 分，选 B 得 2 分，选 C 得 1 分
24 分以上，说明你的角色认知能力很强，请继续保持和提升。
15～24 分，说明你的角色认知能力一般，请努力提升。
15 分以下，说明你的角色认知能力很差，亟需提升。

第一节 角色认知能力培养与训练提高

一、认清自己的角色

在团队中，每个人都要认清自己并找准自己的位置，对自己进行明确的定位。在从事某项工作前，每个人都应该清楚自己能干什么，适合干什么，如何干才有利于达成团队的总目标。

从前，有个人买回了一只公鸡、一条小狗和一头驴。

公鸡被放养在窝里，每天早晨按时打鸣，叫醒主人。正因为公鸡的尽忠职守，总是按时完成工作，主人从未赶过晚集。

驴子被关在圈里，虽然不愁温饱，但每天都要到磨坊里拉磨，到树林里去拉木材，工作挺繁重。

那条小狗只会讨主人的欢心。每天当主人回来时，它总是飞快地迎上去，又是摇尾巴又是亲热地叫唤，主人也总是高兴地抚摸它，有时它还伸出舌头舔舔主人的脸。

驴子看到这一切，心中很是不快，心想自己和公鸡每天只知道起早贪黑地埋头苦干，自己活干得最多还经常挨打，小狗什么也不干还挺美，看来得想办法与主人联络感情。于是，驴子找公鸡商量与主人联络感情的大计。

公鸡一听，就劝驴子道："主人之所以养活我们，是因为我们肩负着不同的职责，我负责按时打鸣，你负责拉磨、拉木材以维持主人日常生活需要，而那条小狗也是我们的伙伴，它负责帮主人看守这个家，逗主人开心。所以，你还是干好自己的活，不要异想天开了！"

但是，驴子并没有听从公鸡的劝告。有一天，在主人回家时，它挣脱了绳子，大叫着迎了上去，把蹄子搭在主人肩上，伸出舌头就舔。主人又惊又怒，使劲把它推开，狠狠地用鞭子抽打它，套上新的绳子后又把它关进了圈里。

　　驴子缺乏对自己的清醒认识，不知道自己在这个家中的位置与作用，最终事与愿违，受到了主人的惩罚。

　　在团队中，同样会存在"驴子现象"，许多团队成员没有对自己进行合理的定位，不清楚自己在团队中应扮演怎样的角色。对管理者而言，团队中如果有太多角色定位不清的成员，势必影响团队目标的顺利实现。因此，管理者应努力帮助团队成员提高角色认知能力。

二、角色认知与定位

　　一个高效率的团队必然要求团队成员有出色的角色认知能力。一般来说，团队成员可以从以下三个方面提高角色认知能力。

（一）了解团队角色类型

　　在一个完美的团队中，一般存在以下八种角色。

团队角色类型分析表

团队角色	典型特征
1. 实干者	（1）能将计划变成实际的行动 （2）比较保守、务实可靠，积极实践，有组织能力 （3）工作勤奋，具有很强的自我约束力 （4）安于现状，不寻求主动改变 （5）缺乏灵活性，不做或不愿尝试没有把握的事
2. 协调者	（1）能通过充分利用团队的资源来实现团队的目标 （2）熟悉团队成员的长处和弱点，让其他成员感觉可以信赖 （3）遇事沉着冷静，愿意听取团队其他成员的意见和建议 （4）以公正的立场和客观的角度看待事情和问题 （5）注重内外部的人际关系，但往往容易忽略组织目标
3. 推进者	（1）充满活力，精力充沛；思维敏捷，能够举一反三 （2）能塑造团队成员的工作方式，帮助大家注意团队的目标和首要任务 （3）勇于挑战，抗压能力强，遇到困难时能另辟蹊径 （4）对自己的现状永远不满足，并勇于向低效率发出挑战 （5）遇到事情表现冲动，容易产生急躁情绪，常在团队中激起争端

（续表）

团队角色	典型特征
4. 创新者	(1) 才华横溢，具有丰富而渊博的知识 (2) 个性十足，思想深刻，喜欢标新立异 (3) 思维活跃，有自己独到的见解，总是能找出解决问题的突破性办法 (4) 特别关注重大的问题，往往不注重细节，不拘礼节 (5) 具有超出常人的想象力和创造力，但与一般人相处得不好
5. 信息者	(1) 善于对团队外部的变化进行调查研究并及时汇报 (2) 喜爱交际，具有较强的沟通能力 (3) 求知欲很强，对新生事物比其他人显得敏感 (4) 外向开朗，但经常只有三分钟的热情 (5) 直言不讳，不讲究说话艺术，喜欢直来直去
6. 监督者	(1) 头脑清醒，具有极强的分辨力，处理问题比较理智 (2) 稳重，注重公平和实际，对人对事都抱着实事求是的态度 (3) 善于观察团队成员的行为和活动，找到问题 (4) 善于评价各种想法和建议，保证团队做出合理的决策 (5) 缺乏对团队成员的鼓动力及激发他人的能力
7. 凝聚者	(1) 处事温和，擅长交际，能与人保持和善友好的关系 (2) 对周围的环境和人群具有极强的适应能力 (3) 能弥补团队成员的某些不足，促进成员之间的交流，培养团队意识 (4) 善解人意，有凝聚力 (5) 喜欢按照别人的建议办事，危机关头易犹豫不决，不能当机立断
8. 完善者	(1) 做事勤奋努力，很有秩序，能持之以恒，不会半途而废 (2) 对工作认真，一丝不苟，追求尽善尽美，是典型的理想主义者 (3) 处理问题时过于注重细节问题 (4) 为人处世都很认真，但不够洒脱，缺乏风度 (5) 有时爱斤斤计较，容易被鸡毛蒜皮的小事所累

　　团队中没有任何成员可以同时具备以上全部角色的典型特征，但团队可以通过角色组合而达到完美。团队正是通过相互间的优缺点互补来实现角色之间的密切协作，从而达到高效运行的目的。

（二）进行正确的角色定位

了解团队角色后，团队成员就要清楚自己的职权与职责，明确自己的团队角色。为此，团队成员要进行认知、情感和价值观定位。

1. 认知定位

团队成员要正确认识自己在团队中的位置，认识所处该位置序列的级别，明确该位置要求的标准、职能、职责范围。

2. 情感定位

团队成员要做到情、事交融，不但要做到在其位、谋其政，还要干一行、爱一行。

3. 价值观定位

当自己扮演的角色与职责发生冲突、造成紧张时，必须设法消除紧张，把精力用到最有价值的事情上。

（三）管理者对团队成员的角色认知

团队由不同的人构成，每个人都在发挥各自独特的优势。因此，团队管理者只有把每个成员放对位置，才能发挥出团队的最大能量。所以，管理者尽量让不同特点的人去做其擅长的事，而不要轻视任何人的力量。在团队中没有无能的人，只有放错位置的人。

第二节　提高角色认知能力的 8 个寓言

一、要把自己认清楚

？ 团队成员如何才能认清自己在团队中的角色

？ 管理者应如何帮助下属认清各自的团队角色

要把自己认清楚

当百兽之王狮子辛巴达还是头小狮子的时候，猴子杰克就和他是好朋友了。杰克聪明伶俐，能够做很多事情，这是大家都知道的事实。

辛巴达长大后，便从老狮王手里接过了百兽之王的桂冠，开始统治森林。猴子杰克自然是他首选的得力干将，成为重臣，帮助辛巴达处理日常事务。杰克不禁洋洋得意起来，逢人就炫耀自己和狮王的关系，将别人都不放在眼里，别的动物都很不服气。

有一天，辛巴达梦见山的那面有一片美丽的草原，就问森林里的动物们："你们谁愿意代替我去一睹草原的美丽？"熊将军负责森林的治安，对周边的地势情况非常了解，但一直对猴子居显要位置不服气，于是对辛巴达说："杰克非常有才，这件事非他莫属。"辛巴达同意了。

这下，杰克为难了，虽然他能坐到显要的位置，却不擅长翻山越岭和长途跋涉，但是碍于面子，只好硬着头皮去了。可在他试图翻越一座山的时候，不小心掉下了悬崖……

◤ 团队成员要认清自己在团队中担任的角色，摆正自己的位置。只有这样，才能得到大家的认可和尊重，才能实现有效的团队合作。

◤ 管理者要帮助团队成员认清各自的角色，并根据每个人的特点将其放到相应的工作岗位上去，这样才能实现团队内部的公平与公正。

二、最好还是回原处

? 团队成员如何客观地看待自己和他人

? 团队成员如何明确职责，完成团队任务

最好还是回原处

有一天，眼睛、鼻子和嘴在开会。

大家都对眉毛表示抗议。眼睛说："眉毛有什么用处？凭什么要在我们的上面？我眼睛可以看东西，我要是不看，连走路都不行了！"鼻子听了不服气，道："我鼻子可以嗅香味和臭味，感觉最灵敏，眉毛算什么？它怎么可以站在我们的上面？"

听了这一段话后，嘴也不服了，鼓起嘴说："脸上我最重要，我是最有用的！我一不吃东西谁也活不了。我应该站在最上面。眉毛最没用，它应该站在最下面才对！"眼睛、鼻子及嘴都在互相争执，对眉毛发出抗议。

眉毛听后，心平气和地对它们说："既然你们都以为自己最有用，那我就在你们的下面吧！"

说着，眉毛便先走到眼睛下，后到鼻子下，再到嘴下，结果大家都认为难看极了，只好决定让眉毛回到原处，在那儿看起来比较合适。

⎆ 团队成员应该客观评价各自扮演角色的实际价值与意义，不可过高看待自己，更不可随意贬低他人。

⎆ 团队成员须戒骄戒躁，扮演好自己的团队角色，才能创造出更好的绩效。

三、孔雀何必要诉苦

? 管理者应如何看待下属的优点与缺点

? 管理者怎样组合使用不同特点的下属

孔雀何必要诉苦

> 孔雀因为没有动听的歌喉而向天神诉苦。
>
> 天神对它说："别忘了，你的颈项间闪烁着翡翠般的光辉，你的尾巴上有华丽的羽毛，所以在文娱方面，你应该很出色的。"
>
> 见孔雀仍未释怀，就继续对它说道："命运之神已经公正地分给你们每样东西。你拥有美丽，老鹰拥有力量，夜莺能够唱歌。它们都很满意天神对它们的赐予。"

- 上天给你关上了一扇门，必然为你打开一扇窗。团队成员要客观地认识到团队中并不存在十全十美的人物，只有正确认识每个人的优点与缺点，才能实现有效的团队合作。

- 管理者要认识到，团队成员的相互合作是建立在各自具有独特优点的基础上的。团队目标需要不完美的成员通过完美的相互协作来实现。

四、乌鸦染色被驱逐

? 团队成员如何认清各自角色的存在价值

? 管理者如何帮助团队成员进行角色定位

乌鸦染色被驱逐

有一只乌鸦很羡慕那些在屋顶笼子里不愁吃喝的白鸽。为了让自己"跻身"白鸽群，它便将黑羽毛染成白色，偷偷地混进白鸽群中。

那群白鸽都以为乌鸦是其同类，便让它一起住一起吃。

有一天，乌鸦在吃食物时，突然"哇"地叫了一声。乌鸦的身份暴露了，它被那群白鸽赶了出去。

伤心之余，乌鸦回到原来居住的地方，可是昔日与它一起生活的乌鸦都不认得它了。

"乌鸦怎么可能是白色的呢？"

它又被这群乌鸦驱逐出了族类。

- ✔ 团队中的每位成员都应认清自己所扮演的角色存在的理由和价值，切忌妄自菲薄，盲目进行自我否定。
- ✔ 管理者应帮助团队成员进行正确的角色定位，使每个成员都乐于接受各自需要扮演的角色，最终有效实现团队合作。

五、狮子蚊子与蜘蛛

？ 团队成员应如何看待各自的优势与长处

？ 管理者如何界定团队中各个角色的作用

 狮子蚊子与蜘蛛

一只蚊子向狮子发出挑战说："别看你那么强壮，可我一点儿也不怕你，你不见得比我厉害。你的那几招如用爪子抓、用牙咬，也不过如此。我的身体虽小，却不一定输给你。不服气的话，咱们可以较量较量。"

（续）

没等狮子回答，蚊子就扑在狮子脸上没毛的地方猛叮。狮子想压死蚊子，满地打滚，但没用；它又用爪子拍蚊子，却抓伤了自己的脸，疼得直吼。

吸饱狮血的蚊子得意洋洋地唱着歌飞走了，却不小心粘在了蜘蛛网上，被蜘蛛吃掉了。

启思

✔ 尺有所短，寸有所长。团队成员应认识到团队中每个人的优势和长处各不相同，不可盲目进行横向比较。

✔ 团队中每个角色都在发挥其各自独特的作用，盲目进行比较是毫无意义的。

六、骄傲大山与松鼠

目标

? 管理者如何评价团队各成员的作用

? 团队成员应如何扮演好自己的角色

寓言　　**骄傲大山与松鼠**

很久以前，一座巍峨的大山与一只渺小的松鼠发生了一次激烈的争吵。

盛气凌人的大山带着一种嘲弄的口吻对小松鼠叫道："你这个自以为是的小家伙！"

小松鼠不卑不亢地对大山说："谁也不会怀疑你确实是一个庞大的物体。"

小松鼠停顿了一下，话锋一转："但世界是由万物构成的，而且每一个物体都是无法替代的，哪怕再渺小也有它存在的理由。我不会因为自己仅仅占有一席之地而无地自容，我就是我，谁也无法取代我的位置。如果说我没有你那么大，那么你也远远没有我这么小，而且你远比不上我的轻盈与灵巧。"

（续）

> 　　松鼠的一席话使得大山一时无话可说。聪明的松鼠又趁机继续说："这个世界上的一草一木都有自己的用处，你也一样。我不否认你能接纳一条条能让松鼠步行的小径，但是世界万物的天分与才能各不相同，我相信天生我才必有用。"
>
> 　　"最后，我要告诉你的是，尽管我不能背负整个森林，但你也无法撬开小小的核桃。"

> ✒ 天生我才必有用。团队中每个人、每个岗位、每个角色都有其相应的价值，管理者要对各个团队成员进行客观评价，不可妄下结论。
>
> ✒ 团队成员要扮演好自己的角色，首先必须对各个角色有全面客观的认识。只有充分认识各自角色之间的差异与客观作用，才能找准自己的位置，摆正自己的心态，做好自己的工作。

七、驴子追狮命终无

❓ 团队成员怎样看待团队成果和个人的关系

❓ 团队成员应如何认识脱离团队的巨大危害

　　　驴子追狮命终无

> 　　公鸡和驴子一直生活在一起。饥饿的狮子来侵扰驴子，公鸡一叫，狮子就害怕了，便转身逃之夭夭。驴子见狮子连鸡叫都害怕，心想狮子没有什么了不起，便立即跑去追赶狮子。到了远处，听不到公鸡的叫声了，狮子便猛然转身，把驴子吃了。驴子临死时感叹道："我真是不幸啊！我真是愚蠢啊！我并不是竞争对手，为什么还要去参加战斗呢？"

- 团队成员要了解自己的实力，不要被团队的胜利冲昏了头脑，做出超出自己承受范围的事情。
- 一滴水如果离开了大海，等待它的将是死亡。个人脱离团队很容易自取灭亡。

八、黑羊雪里有用处

？管理者如何认识团队特殊成员的价值

？管理者如何发挥团队特殊成员的作用

黑羊雪里有用处

　　农夫家里养了三只小白羊和一只小黑羊。三只小白羊常常为自己雪白的皮毛骄傲，而对小黑羊不屑一顾："你看看你像什么，黑不溜秋的，像锅底。"就连农夫也瞧不起小黑羊，常给它吃最差的草料，还时不时地抽它几鞭。为此，小黑羊经常伤心落泪。

　　一天，小白羊与小黑羊一起外出吃草。不料突然下起了鹅毛大雪，它们只得躲在灌木丛中相互依偎取暖。不一会儿，灌木丛周围铺满了雪，因为雪太厚，小羊们只好等待农夫来救它们。

　　农夫上山寻找，起初因为四处雪白，根本看不清羊羔在哪里。突然，农夫看见远处有一个小黑点，跑过去一看，果然是他那濒临死亡的四只羊羔。

　　农夫抱起小黑羊，感叹道："多亏了小黑羊呀，不然你们都要冻死在雪地里了！"

- ⚡ 管理者要善于发现特殊员工的价值，不能轻易否定任何一个人。
- ⚡ 人各不相同，但都有其用。企业管理者对待员工时应因人而异，合理分配和使用人员，最大限度地激发他们的潜能。

第三节　提高角色认知能力的 7 个故事

一、角色无需作比较

? 管理者应如何看待团队中的通才与专才

? 管理者如何根据下属才能进行工作分配

角色无需作比较

有一天，一位博士乘船过河，在船上与船夫闲聊。

"你会文学吗?"博士问船夫。

"不会。"船夫答道。

"那么你失去1/2的生命了。历史呢?"博士又问。

"也不会。"船夫说。

"那么你又失去3/4的生命了。地理、生物、数学呢? 你总会其中的一样吧。"

"不，我一样也不会。"

博士于是感叹起来:"这么说，你失去了全部的生命。真是一无所知的人生啊!"

正说着，忽然一阵大风吹来，河中心波涛滚滚，小船危在旦夕。

于是船夫问博士:"你会游泳吗?"

（续）

> 博士怔住了："我什么都会，就是不会游泳。"
>
> 这位船夫笑着说："这么说，你马上就要失去你全部的生命了！"
>
> 话还未说完，一个大浪打来，船翻了，博士和船夫都落入了水中。船夫凭着自己熟练的游泳技术救起了奄奄一息的博士，这时他对博士说："我什么都不会，可是如果没有我，你现在早已淹死了。"

启思

- ◤ 团队既需要像博士一样的通才，也需要像船夫一样的专才，角色的不同正好互为补充，从而促进团队目标的实现。
- ◤ 管理者应根据员工的不同才能分配不同的工作，对团队成员进行不同的角色分配，从而让团队的力量发挥到最大。

二、踢毽要有援臂桥

目标

? 管理者如何找准自己在团队中的位置

? 管理者如何调整团队成员扮演的角色

故事

踢毽要有援臂桥

> 有一段时间，公司的业绩很差，员工们少有笑语。老总体恤民情，组织了一次郊游。有人带了毽子，大家围成一个圈踢毽子。没两三下便有人踢偏，所有人一拥而上，结果撞得人仰马翻，毽子就像掉了羽毛的鸟儿，"啪"地掉进草丛。接二连三，屡试屡败。有人灵机一动，拖一个人到圈圈中央去，毽子一旦出险，就让其立即冲上前救援。这一招果然有效，连续踢的最高纪录上升到了几十下。
>
> 在回公司的路上，大家七嘴八舌，若有所得：所有的圆周都需要圆心，它是一点

（续）

与另一点的援臂桥，在大家出现鲁莽、犹豫、偏差时，中间那个人不单单起到衔接作用，更重要的是能起到随时紧盯、查缺补漏的作用。这个位置很重要，不可或缺。一个同事说："领导是必需的。"另一个同事说："但最重要的并不是他的才华和能力，而是……"经理慢吞吞地接着说："他的位置和责任。"众人相视而笑。

回公司后，经理开始了一系列调整，让每个人都明确了自己的位置和责任，结果公司的效益直线上升。

- ✎ 在团队中，每一位团队成员都要找准自己的位置，并承担起这个位置的责任。
- ✎ 管理者在团队中的重要作用是对团队成员的有效领导。管理者需要根据团队成员的表现对其所扮演的角色进行适时的调整，以更好地达成团队目标。

三、王珪宴会论同僚

? 管理者如何识别团队中各成员所扮演的角色

? 管理者应如何对团队中各角色进行有效组合

王珪宴会论同僚

在一次宴会上，唐太宗对王珪说："你善于鉴别人才，尤其善于评论。你不妨从房玄龄等人开始，点评一下他们的优缺点，同时和他们互相比较一下，你在哪些方面比他们优秀？"

王珪回答说："孜孜不倦地办公，一心为国操劳，凡所知道的事都尽心尽力去做，

（续）

在这方面我比不上房玄龄；常常留心于向皇上，敢于直言建议，这方面我比不上魏征；文武全才，既可以在外带兵打仗做将军，又可以在朝廷担任宰相，在这方面我比不上李靖；向皇上报告国家公务，详细明了，宣布皇上的命令或者转达下属官员的汇报，能坚持做到公平公正，在这方面我不如温彦博；处理繁重的事务或解决难题，办事井井有条，这方面我也比不上戴胄；至于批评贪官污吏，表扬清正廉署，疾恶如仇，好善喜乐，这方面比起其他几位能人来说，我倒有一己之长。"

唐太宗非常赞同他的话，大臣们也认为王珪完全道出了他们的心声，都说这些评论很恰当。

　　✎ 团队是由实干者、协调者、推进者、创新者、信息者、监督者、凝聚者、完善者八种角色组成的。管理者要善于识别团队中不同的角色，并充分发挥他们的作用。

　　✎ 任何团队成员都不可能承担团队中的全部角色，也不可能十全十美，但是团队可以通过不同角色的组合达到完美。

四、交换工作乱了套

❓ 管理者如何看待团队内部的角色互换

❓ 团队成员应怎样认识自己的不同角色

交换工作乱了套

　　有一个富翁平生爱吃美食，因此他家的厨房不但大，而且人手多，每个人都各有分内的工作，挑水的只管挑水，洗菜的只管洗菜，切菜的只管切菜，另外还有煮食的、烧柴的。

（续）

厨房里的工人天天做着相同的事，日子一久不免产生厌烦的心理，每个人都认为别人的工作新鲜、有趣、容易。有一天他们突发奇想，都想试试交换工作的滋味。于是挑水的负责切菜，煮菜的负责烧火，烧火的却负责烧菜……

交换工作后，只见厨房里一阵手忙脚乱：原先挑水的被刀割到了手；原先煮菜的烧火没烧起来，却弄得满屋子都是烟；原先烧菜的挑水时不小心滑了一跤，摔了个四脚朝天……

饭没做好，每个人还挨了一顿责骂，从此再也没人想交换工作了。

启思

✔ 适合别人的不一定适合自己，与其羡慕别人的工作不如认清自己是否真的适合该工作。

✔ 团队中每个人所扮演的角色由各自的特点决定，特点的差异决定了角色互换的难度，因此团队内部切忌随意进行角色互换。

五、负荆请罪为和好

目标

❓ 团队成员在角色认知中存在着怎样的困难

❓ 应如何让团队中其他成员认识自己的角色

故事　**负荆请罪为和好**

战国时期，赵国的蔺相如几次出使秦国，随同赵王会见秦王，每次都凭着自己的大智大勇挫败骄横的秦王，因此很得赵王的器重，一下子被提拔为上卿，位居老将军廉颇之上。

战功卓著的将军廉颇见蔺相如官位比自己还高，很不服气，他到处扬言说："我为赵国出生入死，有攻城夺地的大功。而这个蔺相如，出身低微，仅凭着三寸不烂之

（续）

舌，就能官居我之上，这实在让我难堪！以后我再见到蔺相如，一定要当着众人的面羞辱他。"

蔺相如听说后，就处处躲开廉颇。有一次，蔺相如坐车在大街上走，忽然看见廉颇的马车正迎面驰来，便赶紧命人将自己的车拐进一条小巷，待廉颇的车马走过，才从小巷出来继续前行。

蔺相如的随从们见主人对廉颇一让再让，好像十分惧怕廉颇似的，他们都觉得很没面子，便议论纷纷，还商量着要离开蔺相如。

蔺相如知道后，把他们找来，问他们道："你们看，是秦王厉害还是廉颇厉害？"随从们齐声说："廉颇哪能跟秦王相比！"

蔺相如说："这就是了。人们都知道秦王厉害，可是我连威震天下的秦王都不怕，怎么会怕廉将军呢？我之所以不跟廉将军发生冲突，是以国家利益为重啊！你们想，秦国之所以不敢侵犯赵国，不就是因为赵国有我和廉将军两个人吗？如果我们两个人互相争斗，那就好比两虎相斗，结果必有一伤，赵国的力量被削弱，赵国就危险了。所以我不计较廉将军，是为了赵国啊！"

后来，蔺相如的这番话传到了廉颇那里，廉颇大受感动。他想到自己对蔺相如不恭的言语和行为，真是又羞又愧，于是有了负荆请罪之举。

从此，廉颇和蔺相如两个人将相团结，一心为国，并建立了生死不渝的友情。当时一些诸侯国听说了以后，都不敢侵犯赵国。

⚡ 团队成员的重要任务之一就是达成团队目标。因此，团队成员在任何时候都要顾全大局，把团队的利益放在第一位。

⚡ 团队各成员都有其相应的位置和责任，每个人都要用自己擅长的技能来履行职责，扮演好自己的角色，为团队的利益作贡献。

六、身在曹营心在汉

❓ 如何让团队成员服从团队，扮演好自己的角色

❓ 团队成员如何认清和找准自己在团队中的位置

身在曹营心在汉

"身在曹营心在汉"的故事是说曹操为了将刘备的谋士徐庶招至自己旗下，利用徐庶的孝顺，伪造徐母的书信，要挟徐庶归于曹营。徐庶只好与刘备挥泪道别。然而归曹后，得知书信是假，徐庶便对曹操胁迫和欺诈的方式十分反感，又一心眷恋刘备，始终不愿为曹操尽心，在曹营的二三十年也没有建树。

曹操没有使徐庶的心归顺于自己，最终也没有发挥出人才的作用。

✍ 个人为团队效力首先需要服从，然后才是扮演角色。

✍ 领导者要使团队成员服从自己的团队，认清自己的角色。

七、拔旗易帜有功效

❓ 管理者如何使团队成员认清自己的团队

❓ 管理者如何向团队成员分配不同的任务

拔旗易帜有功效

韩信率兵攻打赵国时，受到赵王和陈馀二十万大军的阻挡。陈馀认为韩信的兵不过数千，经过千里行军，军心疲惫，应该直接予以攻击。

韩信手下的人探听到这个消息后，十分高兴，进军到距离对方营地三十里处，韩信下令休息。

（续）

半夜，韩信选出两千名轻骑兵，让他们每人拿着一面红色旗帜隐蔽起来。

韩信派出一支一万人的军队，摆背水阵向赵军进攻，赵军打开营门迎战，激战了一段时间后，韩信命汉军退到水边阵地，将士们看到再也无法后退，便开始拼死作战。

此时，那两千骑兵趁虚而入，拔掉赵军的旗帜，换上汉军的红色旗帜。

背水一战的汉军拼死抵抗，想返回营地，因看见全是汉军的红旗，以为赵王被抓，于是军心大乱，各自逃命，汉军两面夹击，结果赵王被活捉，陈馀被杀。

启思

- 团队成员首先要认识自己的团队，这样才能确立自己的角色。
- 团队成员扮演好自己的角色才能使团队紧密配合，实现目标。

第四节　提高角色认知能力的两个游戏

一、牢记自己的角色

目标

? 使得游戏参与者牢记自己在团队中的角色

? 训练游戏参与者在团队协作中的反应意识

牢记自己的角色

人数	10 人	时间	30 分钟
场地	教室	用具	10 张座席卡、铅笔
游戏步骤	1. 在游戏开始前，每名学员选一个星球名称代表自己。 2. 学员将选择的星球名称写在座席卡上。 3. 培训师向学员讲解游戏规则：游戏开始后，假设一人是金星，另外一人是木星，金星就要说："开呀开呀开飞船，金星的飞船就要开。"然后大家一起问："往哪开？"金星说："往木星开。"木星就要马上接着说："木星的飞船就要开。"然后大家一起问："往哪开？"木星选择另外的游戏对象，说："往××星球开。"依次循环下去。 4. 每人的反应时间不能超过三秒。超时就要为大家表演节目。 5. 培训师与大家分享团队成员的反应意识、注意力对团队协作的重要性。		

 语录

❧ 管理者要认清自己的角色，只有角色认知清楚，才能在团队中找准定位，恰当行事。

❧ 团队成员的角色认知、角色定位、角色分配和角色扮演是影响团队效能的重要因素，是团队能否顺利运作的重要保证。

二、演好自己的角色

 目标

❓ 让游戏参与者体会团队不同岗位所承担的责任

❓ 让游戏参与者体会团队不同角色应持有的心态

演好自己的角色

人数	20 人	时间	1 小时
场地	操场	用具	蒙眼布、布置岛屿分布的纸张、岛上居民角色说明书、任务说明书等（参见附件）
游戏步骤	1. 将学员分成四组。 2. 一组成员扮演健康人岛上的居民，都是健康人。 3. 一组成员扮演盲人岛上的居民，他们是盲人，能说话但看不到东西。 4. 一组成员扮演聋哑人岛上的居民，他们是聋哑人，能看到东西但不能说话。 5. 一组成员扮演人造渡船。 6. 角色分配之后，接下来全体成员的目标是将"聋哑人岛"与"盲人岛"上的人转移到"健康人岛"上。		
问题讨论	1. 游戏一开始各小组是怎样进行的？这种情形为什么会发生？ 2. 这个游戏给管理带来什么样的重要启示？		
培训技巧	1. 培训师不公开宣布所有角色说明书、任务说明书，至于学员如何开展游戏完全让学员自己决定。 2. 培训师只告诉学员完成游戏的标准是所有的"非健康人"都转移到"健康人岛"上来。		

附件

参考角色说明书及任务说明书

组别	工作任务	游戏规则
小组一：健康人岛	你们小组在轮船失事后，漂流到了"健康人岛"，你们必须完成以下两项任务。 1. 在岛上发现有三个"土著人"陷于"沼泽地"，你们的任务是用"小竹排"安全地把三个"土著人"救出"沼泽地"，并到达"干草地"。 2. 将"聋哑人岛"与"盲人岛"上的人根据游戏规则引渡到"健康人岛"上来。	1. 你们小组三人扮演"土著人"，三人扮演"营救人"，"营救人"与其中一个"土著人"会驾驶"小竹排"。 2. 因语言不通，"土著人"怀有敌意，因此不论在"沼泽地"、"小竹排"和"干草地"的任何一处，如"土著人"多于"营救人"，"营救人"就会被伤害。 3. "小竹排"一次最多只可以载两人。

（续表）

小组二： 聋哑人岛	你们小组在轮船失事后，漂流到了"聋哑人岛"；在你们岛上的小组人员因漂流疲劳，全体人员暂时"失声"，不能讲话，但必须完成以下两项任务。 1. 用三张报纸做两艘"救生船"，"救生船"要营救伤员，所以需要有较好的避震性能，检查的方法是在"救生船"中放一个鸡蛋，从1.5米处自由坠落，以鸡蛋不破为成功。 2. 指导"盲人岛"的人员完成任务后，通过"人造渡船"引渡到"聋哑人岛"，最后与你们岛上的人一起到达"健康人岛"。	
小组三： 盲人岛	你们小组在轮船失事后，漂流到了"盲人岛"；在你们岛上的小组人员因海水刺激，全体人员暂时"失明"，不能看见任何事物，但必须完成以下两项任务。 1. 每个人在岛上寻找一个可以治疗复明的"仙人球"。 2. 你们每个人必须亲自把手中的小球抛进纸盒里，才可以"复明"，搭乘"人造渡船"离开"盲人岛"。	
小组四： 人造渡船	你们小组在本游戏中的任务是用人体搭建"人造渡船"，运送三个岛屿的人员到达求生的目的地。	1. 不能登上"岛屿"。 2. 不能说话，在内部可以用其他方式沟通，对外部不能沟通。 3. 一旦"人造渡船"搭成后，每个成员的脚都不能移动。 4. 你们全体成员可以搭建一艘"渡船"，也可搭建两艘"渡船"。

语录

- 管理者要认识到不同的任务需要由不同的角色来完成，要根据团队成员的性格和能力来分配角色。
- 服从是员工的天职，团队成员必须服从团队管理者的指挥，只有这样才能有效地完成任务。

PART

4

第四章

提高团队执行能力

在团队中，团队执行能力是指管理者在团队中高效执行团队目标和有效解决团队问题的能力。请通过下列问题对自己的该项能力进行差距测评。

1. 当团队成员执行不到位时，你如何应对？
A. 及时纠正和指导　　　　　B. 帮助并一起完成
C. 代替团队成员完成

2. 当计划完成后，你如何开始行动？
A. 边准备边行动　　　　　　B. 限定时间，做好准备
C. 只有准备充分才行动

3. 你一般如何执行上级的任务？
A. 边执行边思考　　　　　　B. 遇到问题时再说
C. 埋头苦干，尽管执行

4. 在执行的过程中，你如何发挥主观能动性？
A. 不断改进和创新　　　　　B. 对部分环节进行改善
C. 按照原有的经验执行

5. 在执行的过程中，你如何区分轻重缓急？
A. 先做重要而紧急的事情　　B. 自己做重要的事情，遇到紧急的事情向
C. 先做紧急的事情　　　　　　　别人求助

6. 你如何认识绝对服从？
A. 可以提高效率　　　　　　B. 限制了主观能动性的发挥
C. 可能会得到领导的信任

7. 你如何在执行过程中进行有效控制？
A. 建立及时反馈机制　　　　B. 建立监督机制
C. 发现偏差及时调整

8. 在执行过程中你如何沟通？
A. 围绕目标随时沟通　　　　B. 建立定期沟通机制
C. 遇到问题进行沟通

9. 在执行的过程中你如何进行反馈？
A. 定期汇报　　　　　　　　B. 遇到问题时及时沟通
C. 领导询问时给予反馈

10. 在执行的过程中，你如何看待最初的计划？
A. 根据情况适时修改和变动　B. 发现问题及时沟通
C. 始终按照原计划进行

选A得3分，选B得2分，选C得1分
24分以上，说明你的团队执行能力很强，请继续保持和提升。
15~24分，说明你的团队执行能力一般，请努力提升。
15分以下，说明你的团队执行能力很差，亟需提升。

第一节 团队执行能力培养与训练提高

一、执行就是有差距

执行能力已经成为衡量团队竞争力的重要因素。有了任务和目标，团队成员面临的问题就是如何执行。怎样才称得上是高效率的执行呢？

弗诺、布诺和克诺同时受雇于市内一家酒店，大家开始时都从最底层干起。一段时间后，三人逐渐拉开差距：弗诺受到总经理的青睐，一再被提升，从领班直到部门经理；布诺也已经做到了部门主管；只有克诺还在原来的岗位干着原来的事情，尽管他和总经理很熟。

克诺每天看到弗诺与布诺工作中指挥若定的样子，心里感到很不平衡。终于有一天，克诺忍不住了，向总经理提出辞呈，并抱怨总经理用人不公平。

总经理耐心地听着克诺的指责，他了解克诺：小伙子身体棒、肯吃苦，就是缺少点儿主心骨。当克诺怒气冲冲地发泄完后，总经理有了主意。

"克诺先生，"总经理说，"请您马上到集市上去，看看今天有什么卖的？"

克诺很快从集市跑回来说："集市上只有一个农民拉了车土豆正在卖。"

"一车土豆大约有多少袋、多少斤？"总经理问。克诺又跑去，回来说："有10袋。"

"价格多少？"总经理问道。克诺再次跑到集市上。

到最后，总经理望着跑得气喘吁吁的克诺，请他休息一会儿，说："你可以看看布诺是怎么做的？"总经理请人把正在忙着的布诺叫来，以同样的语气对他说："布诺先生，请你马上到集市上去，看看今天有什么卖的？"

布诺从集市回来了，汇报说："到现在为止只有一个农民在卖土豆，有10袋，价格适中，质量很好。"他带回几个让经理看。布诺还报告说："这个农民过一会儿还会带几筐西红柿来卖，价格都很公道。我想西红柿是新上市的，价格适当，厨房可以进一些。"

总经理看了一眼坐在旁边听得脸上一阵红似一阵的克诺，说道："好的，布诺先生，你可以回去继续工作了。"接着，总经理叫来了弗诺，同样对弗诺说："弗诺先生，请你马上到集市上去，看看今天有什么卖的？"

（续）

> 过了不久弗诺从集市上回来了，向总经理报告情况："目前只有一个农民在卖土豆，一共有10袋，每袋20斤，每斤两元，质量很好。他还有五筐西红柿半个钟头后就能送到集市上，一筐30斤，每斤1元。"弗诺喘了口气，继续说道，"此外，那个农民所在的镇子种了多种新鲜蔬菜，他负责将他们镇上的蔬菜拿到集市上来卖，如果大量购买的话，所有蔬菜的价格还会更便宜，他卖的蔬菜新鲜，又比我们酒店进菜的价格便宜，如果能够长期供应，可以降低我们酒店菜品的成本，我记下了他的联系方式，并让他在下午两点将他们镇上种的蔬菜送过来一些。"
>
> 克诺听到这里，已经完全明白自己与弗诺、布诺的差距，惭愧地低下了头。

面对同一任务，克诺只是为执行而执行，他并不去思考任务的目的是什么；布诺在执行中理解了任务的目的，并且发现了市场机会；而弗诺做得更彻底，他不但发现了机会，而且利用了机会。

从三人的执行差距可以看出，执行并不仅仅是完成任务本身，它还包含着执行过程中的问题解决和机会发现。因此，团队成员在执行任务时，不仅要执行得及时快速，而且要积极思考，勤于发掘隐藏在问题背后的机会。

二、高效执行的程序

管理者要提高团队执行能力，首先应找出影响团队执行能力的因素，然后建立科学的执行程序，从根本上加以改善。

（一）影响团队执行能力的11个问题

1. 团队目标不明确、思路不确定，导致团队成员思想不统一。
2. 管理者没有常抓不懈，在执行过程中常犯虎头蛇尾的错误。
3. 管理者朝令夕改，出台的管理制度不严谨。
4. 管理制度本身不合理，缺少针对性和可行性。
5. 团队成员的目标和想法不尽相同，导致团队执行能力大大下降。
6. 缺少明确的分工，责任不明晰。
7. 执行的过程过于烦琐，囿于条款，不知变通。
8. 缺少良好的方法，不会分解和汇总工作。
9. 缺少科学的监督考核机制，没人监督，也没有良好的监督方法。
10. 只有形式上的培训，不能很好地改造人的思想与心态。
11. 团队缺少灵魂人物，缺少成员认同的团队（企业）文化，导致团队没有形成凝聚力。

（二）提高团队执行能力的科学程序

建立并落实科学的执行程序是提高团队执行能力的有力保障，具体如下图所示。

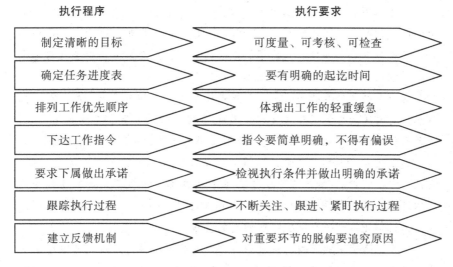

执行程序	执行要求
制定清晰的目标	可度量、可考核、可检查
确定任务进度表	要有明确的起讫时间
排列工作优先顺序	体现出工作的轻重缓急
下达工作指令	指令要简单明确，不得有偏误
要求下属做出承诺	检视执行条件并做出明确的承诺
跟踪执行过程	不断关注、跟进、紧盯执行过程
建立反馈机制	对重要环节的脱钩要追究原因

团队高效执行工作程序图

第二节 提高团队执行能力的两个寓言

一、兔子吃了窝边草

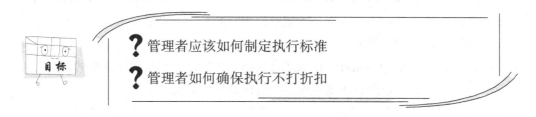

? 管理者应该如何制定执行标准

? 管理者如何确保执行不打折扣

兔子吃了窝边草

兔子三瓣长大了，在它离家独立生活之前，兔妈妈反复叮嘱它："无论如何，都不要吃窝边的草。"三瓣在山坡上建造了自己的家。为安全起见，它的家有三个洞口。三瓣牢记母亲的叮咛，总是到离洞口很远的地方吃草。秋天过去了，一切安然无恙。

这一天刮着很冷的西北风，三瓣走出洞口时不禁打了个冷颤，它实在不想顶着大风到很远的地方觅食，就吃了洞口附近的草。"我只吃一点，明天天气好了，我就出去觅食。"三瓣安慰着自己，把肚子吃得滚圆。

过了几天，下起了大雪，三瓣又在家门口填饱了肚子，不过这一回，它换了一个洞口。"我有三个洞口，每个洞口都有很多草。我不过是在天气不好的时候，在每个洞口吃一点点草而已。"于是，在每一个恶劣的天气，三瓣都能找到一个解决吃饭问题的捷径。

一天，睡梦中的三瓣突然觉得异样。它睁开眼睛，发现一只狼堵在它的家门口，正试图把洞口挖开。三瓣连忙跑向别的洞口，却惊讶地发现，另两个洞口已经被岩石牢牢堵住了！

"从你第一次吃窝边草，我就知道这里有只兔子，可我知道狡兔三窟，摸不清另两个洞口的位置，不好下手。"看着到嘴的美食，狼得意地说。直到这时候，三瓣才明白母亲的教诲是多么正确！

✎ 执行标准的确立并不困难，困难的是持之以恒、不找借口、不打折扣地严格执行。

✎ 对管理者而言，只有严格执行，才能让组织在远离危机的道路上快步前进，才能确保组织目标的顺利实现。

二、不要盲目跟着跑

? 团队成员在执行中怎样才能避免随波逐流

? 团队成员在执行中遇到疑问时应如何处理

不要盲目跟着跑

一天，狐狸坐在山岗上发呆。突然看见一只兔子飞快地朝它跑来。

"你为什么跑得这么急？"狐狸问兔子。

"逃吧，越快越好。"兔子边跑边说，很快就跑得无影无踪了。

狐狸心想："兔子那么拼命地跑，肯定有危险了，我也赶紧逃跑吧。"它也撒开腿，跟在兔子后面跑了。

狐狸正跑着，遇到了一只狼。狼问道："狐狸兄弟，你急急忙忙地上哪儿去呀？"

"快跑吧，越快越好！"狐狸边说边跑，一眨眼已经跑出很远了。

"有点不对劲儿，"狼想，"狐狸这么聪明也拼命地逃跑，一定有大的危险，我也跟着逃跑吧。"狼飞快地朝着狐狸的方向跑去。

狼跑了一段路，遇到了一头熊。熊看见狼正拼命地跑过来，便吃惊地问道："狼兄弟，因为何事如此慌张啊？"

"我得尽快跑……"后面的话就听不清了，因为狼早已跑得很远了。

"不好！"熊心想，"狼如此慌张，肯定是出了大事，我也赶快跑吧。"熊也摇摇晃晃地跟在狼的后面跑了起来。

跑了好一阵子，熊才追上狼，只见狼正蹲在地上喘着粗气，离它不远，还有狐狸和兔子，都显得很疲惫。熊惊讶地问："你们为什么这么慌张啊？"

狼说："这要问狐狸了。"

狐狸说："这还得问兔子。"

兔子答道："刚才我在吃树叶的时候，突然'轰'地一声，不知道是一团什么东西从树上掉了下来，差点砸到我。我当时吓坏了，现在想起来还后怕呢。"

- 在执行任务的过程中，团队成员不能随波逐流、盲目从众，而要根据自己的职责与目标做出准确的判断，采取正确的行动。
- 在执行任务的过程中，团队成员如有疑问，要与其他成员进行充分的沟通，弄清事情的真相。切忌根据自己的主观想象盲目决策、随意行动。

第三节　提高团队执行能力的 7 个故事

一、书生为何被气倒

？ 管理者如何在执行过程中加强与团队成员的沟通

？ 管理者对于团队成员的行动如何进行指导和协调

书生为何被气倒

有一个书生读书很多，村里人要开发一个蓄水塘，便请他当总指挥。经过一番策划，他派村东的人去保护水源，又派村南的人去挖一条水渠，接着派村西的人去挖蓄水的大坑，最后派村北的人负责运送土方，同时还规定了详细的施工标准和工期。全村行动，一个多月后宣告竣工：土方也运走了，塘也挖好了，渠也建成了，水源也保护得很好——可是水依然没有蓄起来，村里反而更干旱了。

书生听到报告，赶到工地一看，气得当场晕倒。原来，所有的事情都被很认真地做错了：保护水源的人在泉水周围修了一堵围墙，可是挡住了修水渠的路径；修水渠的人于是绕开围墙，向另一方向挖去；建水塘的人为了避免占用田地，在一个山头上挖了一个大坑；而运送土方的人又把挖出来的土运给保护水源的，去加固那个围墙。

- ✔ 在执行过程中，管理者应首先告诉团队成员行动的总目标，不知道总目标的行动只能让事情变得更坏，造成人力物力的巨大浪费。
- ✔ 在团队执行过程中，管理者应加强与团队成员的沟通，对他们的行动进行指导和协调，只有这样才能避免他们的行动偏离轨道，远离目标。

二、比较三人抄文稿

? 管理者对团队成员中规中矩的执行应持何种态度

? 管理者如何鼓励团队成员在执行过程中进行创新

比较三人抄文稿

黎锦熙是我国著名的国学大师。1921年以前，他在湖南办报，当时有三个人帮他誊写文稿。

第一个抄写员沉默寡言，只是老老实实地抄写文稿，错字别字也照抄不误，后来这个人一直默默无闻。

第二个抄写员非常认真，对每份文稿都先进行仔细地检查，然后才抄写，遇到错字病句都要改正过来。后来，这个抄写员成为了著名的诗人、剧作家。

第三个抄写员则与众不同，他也仔细地看每份文稿，但他只抄与自己意见相符的文稿，对那些意见不同的文稿则随手扔掉，一句话也不抄。后来，这个人成为了著名的革命家、战略家、理论家。

- 机械做事，可以把事情做到；认真做事，可以把事情做对；思考着去做事，才能把事情做好。
- 执行不是机械地照搬照套，需要加入自己的分析和判断，因此，管理者要鼓励团队成员在执行过程中充分发挥主观能动性，积极创新。

三、想去南海要趁早

? 管理者如何理解执行对目标达成的作用

? 管理者应该如何提高自己的执行能力

想去南海要趁早

　　古时候，有一个和尚决定去南海，但他身无分文况且路途遥远，交通又极不方便。但他没有被这些困难所困扰，他只有一个信念，我一定要去南海。

　　于是，他便沿途化缘，一步一步朝南海的方向前进。路过一个村庄化缘时，他碰到一个有钱人。看到这个和尚化缘，有钱人便问他："你化缘干什么？"

　　和尚坚定地回答："我要去南海！"

　　有钱人不由地哈哈大笑起来。"凭你也想到南海？我想到南海的念头已经有好几年了，但还没有准备好呢。像你这样贫穷的人，还没到南海，就是不累死也会饿死的。你还是趁早找个寺庙安稳度日吧！"

　　和尚不为所动，固执地说："我一定要到南海。"

　　几年以后，当和尚从南海返回又到这个有钱人的家里化缘时，这个富人还在准备他的南海之行。

> ✎ 执行需要把思想转化为行动，把战略转化为成果。只说不做，只准备不行动，不会获得任何结果。
>
> ✎ 管理者为团队制订了行动计划以后，就应该带领团队成员执行。任何思想上的懒惰只能会让自己止步不前，目标的实现也将遥遥无期。

四、分清主次业绩好

? 管理者应如何提高执行效率

? 管理者应如何制订行动计划

分清主次业绩好

很久以前，美国伯利恒钢铁公司总裁查理斯·舒瓦普曾为如何执行计划而烦恼。

于是，他向效率专家艾维·利请教这样一个问题："企业家如何更好地执行计划？"

艾维·利声称可以在10分钟内就给舒瓦普一个方法，这个方法能把他公司的业绩提高50%。

他递给舒瓦普一张白纸，对他说道："请在这张纸上写下你明天要做的六件最重要的事。"

舒瓦普用五分钟写完后，艾维·利接着说："现在请用数字标明每件事情对于你的公司利润增长的重要性次序。"

舒瓦普又花了五分钟写好后，艾维·利对他说："好了，请把这张纸装进口袋，明早第一件事情就是看纸条，做第一项最重要的。不要看其他的，只做第一项。然后一件件地做，直至六件事全部完成为止。"

舒瓦普点了点头，说："这个方法听起来很好。你收我多少钱？"

（续）

> 艾维·利答道："不急，你先回去试验一下，看它能够多大程度地提高企业的业绩，然后再给个价吧。"
>
> 一个月之后，艾维·利收到舒瓦普寄来的一张 2.5 万美元的支票，还有一封信。信上说："这是我一生中最有价值的一节课。"五年后，伯利恒钢铁公司成为当时世界上最大的独立钢铁公司。

✎ 行动缺乏重点，会使团队成员在无关紧要的事情上耗费大量精力，而对重要的事情却关注不够，使执行失去效率。

✎ 在执行开始前，管理者要制定合理的执行标准和执行计划，对将要开展的行动进行排序，将重要而紧急的事项排在前面，从而提高执行的效率和效果。

五、植树哪能这样搞

❓ 团队成员如何处理工作职责与团队目标的关系

❓ 管理者应该如何根据情况变化对执行做出调整

植树哪能这样搞

植树节那天，某领导视察植树的情况。走到一条街上，他发现有一个人沿着马路在挖坑，已经挖了一排；而在离他不太远的地方，另一个人正在往那些坑里填土。领导看了很奇怪，好好的马路挖了又填，折腾什么呢？

于是领导就问这两个人："你们在干什么啊？"

"我们在植树啊。"

（续）

"植树？那树呢？"领导四下看看，疑惑地问。

"我们三个人一组植树，按照新的植树流程，一个人挖坑，一个人种树，最后一个人填土。可是，今天负责种树的那个人病了，没来。"

"……"

✎ 团队成员在执行过程中不仅要埋头苦干，还要抬头看路；不仅要明确自己的工作职责，还要充分了解团队的整体目标。

✎ 工作计划制订以后，在执行的过程中要根据情况的变化做出及时调整；否则，盲目执行的结果只能是事倍功半，甚至南辕北辙。

六、绝对服从上下跑

? 管理者如何提高团队成员的行动效率

? 管理者如何让团队成员做到马上行动

绝对服从上下跑

一位年轻人毕业后被分配到一个海上油田钻井队。在海上工作的第一天，领班要求他在限定的时间内登上几十米高的钻井架，把一个包装好的漂亮盒子送到最顶层的主管手里。他拿着盒子爬上高高的、狭窄的舷梯，气喘吁吁、满头大汗地登上顶层，把盒子交给主管。主管只在上面签下了自己的名字就让他送回去。他又快步跑下舷梯，把盒子交给领班，领班同样在上面签下自己的名字，让他再送给主管。

他看了看领班，虽然犹豫了一下，但还是转身登上舷梯。当他第二次登上顶层把盒子交给主管时，已浑身是汗、两腿发颤，主管却和上次一样，在盒子上签下名字，

（续）

让他把盒子再送回去。他擦擦脸上的汗水，转身走向舷梯，把盒子送下来，领班签完字，让他再送上去。

这时他虽然有些不解，但看看领班平静的脸，又拿起盒子艰难地、一个台阶一个台阶地往上爬。当他第三次上到最顶层时，浑身上下都湿透了，他把盒子递给主管，主管看着他，平静地说："把盒子打开。"他撕开外面的包装纸，打开盒子，里面是一罐咖啡和一罐咖啡伴侣。他缓慢地抬起头看着主管，眼神中带着不解和愤怒。

主管又对他说："把咖啡冲上。"年轻人虽然有种被耍弄的感觉，但仍然遵照主管的话做了，冲了杯香气四溢的咖啡，端到主管面前。

这时，这位主管站起来，对他说道："恭喜你通过了我们的体能测试。刚才让您做的这些，叫作承受极限训练，因为我们在海上作业，随时会遇到危险，这就要求队员身上一定要有极强的承受力，承受各种危险的考验，只有这样才能完成海上作业任务。你完成得很好！现在，你可以喝到自己冲的咖啡了。"

启思

✎ 有时，团队成员无条件的执行能提高团队的运行效率，使团队从危机中迅速解脱出来。管理者应提高团队成员的无条件执行能力。

✎ 良好的执行能力需要团队成员做到马上行动，不拖延、不怀疑，更不抵触。

七、深入敌军全击倒

目标

❓ 管理者应该怎样根据实际情况制定战略

❓ 管理者怎样用符合实际的战略执行任务

故事 深入敌军全击倒

西汉宣帝时期，羌人侵入边界，攻城掠地，烧杀抢夺。宣帝召集群臣计议，询问谁愿意领兵击退羌人。

七十六岁老将赵充国曾经在边界和羌人打过几十年的交道，于是他自告奋勇担当这一重任。

宣帝问他需要派多少兵马，他说："听别人讲一百遍，不如自己亲眼见一遍。"宣帝很赞同，派赵充国带领一队人马出发。队伍渡过黄河，遇到羌人的小股军队，赵充国下令追击，捉到不少俘虏，打探到敌军的情报，了解了敌军的兵力部署和把守情况。

赵充国向朝廷报告了情况，并根据情况制定了御敌方略，朝廷立即派兵回击了羌人的侵扰，安定了西北边疆。

启思

⚡ 符合实际情况的御敌方略才有可能起到积极的作用。

⚡ 切合实际的方略可以使团队的执行力变得更强。

第四节　提高团队执行能力的 3 个游戏

一、小组合作建高塔

目标

❓ 使游戏参与者融入团队当中，群策群力共同完成任务

❓ 努力把松散的工作小组转变成为团结高效的执行团队

小组合作建高塔

人数	30 人	时间	25 分钟
场地	室内	用具	尽量多的纸杯、报纸、透明胶带、吸管、橡皮筋和 12 把手工剪刀

游戏步骤	1. 把参加培训的学员分成 6 个小组,每组 5 人。 2. 向每个小组发放材料,要求每组在 15 分钟之内用这些材料建一座塔。 3. 这座塔的塔高至少 50 厘米,要求外型美观、结构合理、创意统一。 4. 做完之后,每个小组都把建好的塔摆放在大家面前,培训师安排进行评比。 5. 每个小组所建的塔都要接受其他组选出的检验员的检验,搭建了吹不倒且最高的塔的小组为胜利小组。 6. 请各组人员发表建塔的感想。
问题讨论	1. 你的小组是如何工作的? 2. 比较自己建的塔和其他小组建的塔,并进行客观评价。 3. 就高塔本身而言,我们获得了哪些团队管理启示?

- 在团队执行的过程中,团队成员只有分工合作、群策群力才能有效达成团队目标。
- 执行的关键在于团队配合的默契和勇于承担责任;成员没有默契的配合和承担责任的积极性,团队目标是无法实现的。

二、计划执行拼魔板

? 让游戏参与者了解沟通和配合在执行中的重要性

? 帮助游戏参与者体会管理者在团队中的重要作用

计划执行拼魔板

人数	10 人	时间	40 分钟
场地	教室、会议室	用具	两套空方阵塑料板
游戏步骤	1. 把 10 人分成三组，第一组四人为"计划团队"，第二组四人为"执行团队"，第三组两人为"观察团队"。 2. 将三份不同的指令（参考附件一、二、三）分别交给"计划团队""执行团队"和"观察团队"。 3. 整个任务将在 25 分钟内完成。 4. 现在开始分别向"计划团队""执行团队"和"观察团队"发出任务指令。		
问题讨论	1. 对比两个大组，选出最先完成任务的大组，听他们分享自己在工作过程中的感受，为什么能够完成得比另外一组快？ 2. 由观察员谈谈两个大组分别在排列任务过程中的表现。 3. 总结在这个游戏中最大的启发是什么？在领导力及沟通方面有什么问题？合作及配合是否融洽？是通过什么方法来解决以上问题的？		

附件

附件一："计划团队"任务指令及程序

1. 培训师向"计划团队"的队员每人发一个装有魔板的信封，并告诉"计划团队"每个信封中的魔板拼在一块会是一个空方阵。

2. 培训师告诉"计划团队"从现在开始，做出如何指挥"执行团队"拼出空方阵的计划并让"执行团队"执行该计划，整个计划及执行时间为25分钟。

3. "计划团队"在任何时候都可以给"执行团队"口头指导，但只要"执行团队"开始动手工作，将不允许"计划团队"再做任何指导。

   "计划团队"的成员在工作时遵循下列规则。

1. 你信封中的魔板只可以摆在你自己的面前，也就是说不能动别人的魔板，也不能把所有的魔板都混合起来。

2. 在计划和指导阶段，你不能拿其他队员手中的魔板或相互交换魔板。

3. 在任何时间都不能直接说出或展示图形答案。

4. 在任何时间都不能把空方阵组合起来，这要留给"执行团队"去做。

5. 不能在魔板或信封上做任何记号。

6. "执行团队"必须监督你们遵守上述规则。

7. 当"执行团队"开始拼装魔板时，"计划团队"不能再进行任何指导，但要留下来观察"执行团队"如何装配。

附件二："执行团队"任务指令及程序

1. 培训师现在向"执行团队"的队员讲解任务指令。你们的任务是按照"计划团队"下达的指令来执行任务，"计划团队"可以随时叫你们过去接受任务及进行计划指导，如果他们不叫你们过去，你们也可以主动向他汇报工作。你们的任务必须在25分钟内完成，现在已经开始计时了。但你们开始执行任务时，"计划团队"就不允许给予任何指导了。

2. "执行团队"要尽可能迅速地完成所分配的任务。

3. 在等待"计划团队"下达指令时，"执行团队"的成员可以先讨论以下问题。

（1）等待接受一项未知的任务时，你心中有什么感受和想法？

（2）你们怎样以一个团队的形式去执行任务？

（3）你们对"计划团队"有哪些看法？

4. 请把以上问题的讨论结果记录下来，以便完成任务之后参加小组讨论。

（续表）

附件三："观察团队"任务指令及程序

　　培训师告诉"观察团队"的观察员，分别对两个不同的小组进行观察并做出记录。

1. 你将观察一项团队练习，在这项练习中有"计划团队"和"执行团队"两个团队参加活动，他们将共同努力拼16块魔板，如果拼排正确，将会排出一个空方阵。

2. "计划团队"必须决定如何将这些魔板拼在一起，然后指导"执行团队"按计划将魔板拼在一起。

3. "计划团队"只能提供一些建议和大致的拼排轮廓，但不能亲自动手做，只能口头指导，由"执行团队"完成整项任务。当"执行团队"开始执行任务时，"计划团队"将不能再给予任何指导。

4. 作为观察员，你们需要观察整个活动过程并拟写观察报告。下面列出了几个问题，你们在观察中要留心考虑这些问题。

（1）你们对自己和"执行团队"的任务要求以及环境因素了解的准确程度如何？

（2）他们能否大概把握问题的关键？

（3）"计划团队"是怎样定义这个问题的？

（4）你们是如何为该问题定性的，即"这个练习中的基本问题是＿＿＿＿＿＿？"

（5）"计划团队"的计划人员有没有努力尝试转化这个问题？

（6）"计划团队"是否制定了可操作的目标？他们的计划及组织效果如何？他们是否评估了现有的资源？是否受到"假设限制"的制约？他们是否预料到一些可能会出现的问题？他们用什么方法来衡量整个任务的执行过程？他们的工作效果如何？

5. 观察员观察"执行团队"在不同阶段时的情绪变化及行为表现并对其进行评价。

★ 执行者必须与计划制订者加强沟通，计划制订者需要对执行过程进行有效控制，否则，可能会为执行造成困难或使执行结果偏离目标。

★ 执行是一套系统化的运作流程，包括对方法和目标的讨论、确定、跟进以及责任的具体落实。

三、带上水桶过悬崖

? 让游戏参与者体会执行时沟通、计划及合作的重要作用

? 让游戏参与者认识到在执行过程中需要不断学习和总结

带上水桶过悬崖

人数	若干人	时间	15～20分钟
场地	室外大树下	用具	麻绳、一桶水

游戏步骤	1. 将全体成员分成若干组，12人一组为佳。 2. 将麻绳一端系到树枝上，另一端垂落到地面，并在地面上画出两条线，中间部分作为"悬崖"（两条线的宽度视绳的高度及具体情况而定，可事先进行实验以确认）。 3. 小组的全体成员都要从"悬崖"一边带上一桶水，借助麻绳荡到"悬崖"另外一边。所有的小组成员中只要有一个人失败，小组就算全体失败，必须从头再来。 4. 用时最短的小组即为获胜者。
问题讨论	1. 请大家回忆这项任务是怎样开始的？谁出的主意？大家为何接纳他的主意？ 2. 谁来完成最艰巨的任务（带水桶）？安排在什么时候？ 3. 怎样使小组中每位组员都学会荡绳的技巧？ 4. 在游戏进行过程中，你的感受是什么？你与小组成员之间是怎样沟通的？

语录

● 自己的失败导致团队的失败，团队的失败也是自己的失败。只有自己成功，同时帮助其他团队成员成功，才能让团队走向成功。

● 团队成员必须经过有效沟通，制订出合适的计划，并在执行过程中加强协作，互相学习，从而找到工作的方法和技巧，顺利完成任务。

PART

5

第五章

提高团队协作能力

团队协作能力自测

在团队中，团队协作能力是指提升自己与团队成员间密切配合、相互协助，有效解决问题的能力。请通过下列问题对自己的该项能力进行差距测评。

1. 你如何看待团队成员之间的协作？
   A. 三个臭皮匠顶个诸葛亮　　　　B. 可以提高团队绩效
   C. 有时阻碍个人能力的发挥

2. 你如何看待团队成员的缺点？
   A. 缺点也可以转化　　　　　　　B. 缺点不影响优点的发挥
   C. 缺点需要改正

3. 在团队中，管理者如何为团队成员分配工作？
   A. 根据其特长　　　　　　　　　B. 根据其性格
   C. 根据其资历

4. 当你听到他人被认为能力不强时，你如何认为？
   A. 也许没有发现他的特长　　　　B. 也许没有展现他的特长
   C. 他应该学习提高

5. 你如何评估团队中每一位成员的价值？
   A. 既然是团队成员，就都有价值　B. 可能能力不同价值不同
   C. 能力就是价值

6. 管理者如何让你的团队成员间保持良好的协作关系？
   A. 建立适合发挥特长的协作机制　B. 通过流程加以约束
   C. 通过硬性规定实现

7. 如果你的团队中，有成员确实影响了团队绩效，你将如何办？
   A. 加强沟通，及时解决问题　　　B. 用替补成员进行替换
   C. 限期改正，否则清除

8. 你如何理解"人多力量大"这句话？
   A. 只有协作好，力量才能大　　　B. 可能不是个人力量的简单相加
   C. 有时未必这样

9. 当你成为团队中的主要成员时，你如何看待自己？
   A. 我离不开团队　　　　　　　　B. 继续发挥自己的作用
   C. 团队离不开我

10. 七个和尚分粥，你认为哪种方式能够长期协作下去？
    A. 轮流分粥，分者最后取　　　　B. 一个和尚分，一个和尚监督
    C. 对分粥者进行教育

选A得3分，选B得2分，选C得1分
24分以上，说明你的团队协作能力很强，请继续保持和提升。
15～24分，说明你的团队协作能力一般，请努力提升。
15分以下，说明你的团队协作能力很差，亟需提升。

第一节 团队协作能力培养与训练提高

一、天堂地狱的差别

在知识日新月异的时代，一个人通常只能在某一个方面比较擅长。世界却是一个大系统，现实中许多问题具有极强的综合性，光靠一个人的智慧和力量是无法解决的。

团队通过内部成员的密切配合和相互协助，产生了远大于个人力量之和的群体力量，形成了"1＋1＞2"的倍增效果。通过团队协作解决问题正在被更多的管理者所提倡。

> 一个善良的信徒弥留之际躺在床上。天使走到他面前说："哎！好人，你一生中做了这么多的好事，所以我将在你撒手尘世之前实现你的一个愿望。"
>
> "谢谢，我的天使！我一生最大的遗憾就是从来没有见到过天堂和地狱。你可以在我死之前带我去看看这两个地方吗？"好人说。
>
> "可以，先生。我先带你去地狱吧，反正你最后要升上天堂的。"天使说。
>
> 好人和天使一起来到了地狱，在那里他们看到一个摆满丰盛食物的桌子。好人对天使说："地狱的生活看来不错，是吧？"
>
> "耐心看一下，你就会看到别的。"天使回答说。
>
> 过了一会儿，晚餐的时间到了。一群非常瘦小的人来到大厅坐下来，每个人手里有一双10米长的筷子。他们用尽了各种办法想把食物送到嘴里但是都失败了，因为筷子太长了。
>
> "这太惨了！他们怎能这样对待这些人？让这些人看到美味佳肴，却不让他们吃到！"好人对天使说。
>
> 在天堂，好人看到同样的桌子和食物，每个人手里也有一双10米长的筷子。惟一不同的是每个人都用筷子喂桌子对面的人，最后每个人都享受了一顿美餐。

如果把"天堂之人"与"地狱之人"看成是两个团队的话，他们的区别就在于，面对同样的情况，"天堂团队"通过成员间的相互协作最终实现了目标，而"地狱团队"的成员都在独自努力，付出很大力气却没有任何结果。

由此可见，具有团队意识并懂得团队协作对一个团队能否快速实现目标具有至关重要的影响。

二、团队协作的工具

团队正是有了成员间的互相协作才能够高效完成任务，管理者只有很好地把握团队协作的关键点，才能更好地提高团队协作能力。

（一）实现团队协作的三个关键点

1. 分工

分工是建立在团队成员角色认知的基础之上，根据各成员的特点进行小组式的细化分工。合理分工是提高团队协作效果、完成团队任务的基础。

2. 合作

合作是对团队各成员所承担的工作与责任进行有机结合，以实现团队目标。建立良好的沟通机制在一定程度上利于团队成员间的合作。

3. 监督

在团队协作过程中，监督是团队能否良好协作的一种手段。通过监督，可以约束团队成员中偏离团队方向人员的行为。

（二）提高团队协作能力的四种工具

在团队协作的分工、合作、监督过程中，管理者利用以下工具可以提高组织的团队协作能力。

1. 头脑风暴

头脑风暴是指一群人一起在尽可能短的时间内提出尽可能多的想法，尽管大部分提议不具备付诸实施的条件。头脑风暴有助于团队成员形成一种"简洁的交流方式"，这种交流方式对于保证团队高效工作具有基础性的作用。同时，参与头脑风暴也有助于团队成员建立自信并从中得到乐趣，更能激发团队成员的工作热情。

在有效的头脑风暴中，某个人的某种想法会激发另一个人的另一种想法，互相激发所产生的创造性思想会像火花一样在团队成员的头脑中闪耀。保证这一效果出现的关键是以下两个基本要领：所有的想法都要记录；不要对任何想法品头论足。

2. 解决问题或制定决策的固定程序

对一个高效的团队而言，使用一种固定的程序比总是把大量精力花在选择程序上更为重要。多数程序在大体形势上都会包括以下几个步骤。

（1）确定问题

在团队中，由于不同的人对同一个问题的理解不同，因而许多努力会付诸东流。让每个人轮流解释领导者对该问题的指示是一个特别有效的方法。这种方法可以引起大家对个人的误解或新的观点的注意。

（2）熟悉背景

在这一阶段，每个人都应该充分考虑与问题有关的所有背景信息。在具体解决问题之前，大部分的背景信息都要在组织中畅通无阻地传播。这时，尤为重要的是要减少解决问题过程中的制约因素。例如，解决问题的方案必须简单明了，便于立即执行。

（3）提出思路

这一步骤就可以采用头脑风暴的方式。

（4）归纳意见

这一步最好由团队中的一到两个人来完成，最后反馈给整个团队，它可以把在头脑风暴中收集到的杂乱无章的意见归纳成若干套和谐有序、有连续性的工作方案。

（5）选择方案

在此阶段，团队的任务是从逻辑上理性地评估各种主张，给出所有的背景信息，提出一种或多种实际有效的工作方案，权衡每种方案的利弊。这个过程是个优胜劣汰的过程。

（6）团队认可

一旦有了最终的候选方案，团队就需要留出专门的时间考虑下面这两个问题：一是团队内部的人对每个方案抱有多么大的认同；二是团队之外的人会对此作何反应。这一步的作用在于，它促使人们体会别人的感受，有利于防止人们私下的议论。

3. 行动计划

行动计划有助于团队成员清晰了解团队的目标和达成目标过程中的要求，有助于他们更加出色地解决问题。遵守以下规则，行动计划会取得更好的效果。

◎ 除非获得团队成员的同意，否则不要强迫他们接受一项任务。

◎ 对行动计划要精确地描述，使用常见易懂的专业术语。

◎ 团队必须对每一项行动计划达成一致意见。

"行动计划表"如下表所示。

行动计划表

行动名称	负责人	完成日期	所需支持/资源
总体目标：			

4. PEP 谈话

PEP 是"高效执行计划"的英文缩写，即 Planning Effective Performance，它由以下三个问题组成。

（1）过去完成的工作有哪些良好反响？

（2）过去完成的工作有哪些不太奏效？

（3）吸取教训后该如何改善自我？

PEP 谈话有助于团队从过去的成就、失败和经验中学到提高工作效率的方法。

第二节　提高团队协作能力的 10 个寓言

一、单独报仇有失误

? 团队成员如何认识个人力量与团队力量的关系

? 管理者怎样才能使团队力量大于个人力量之和

寓言　单独报仇有失误

一只羚羊走进饭馆，对老板说："给我一碗酒。"

老板把酒拿来，羚羊一口喝光酒，说："再来一碗！"

"为什么喝这么多酒？"老板问道。

羚羊苦闷地说道："心里痛苦！"

"发生了什么事？"老板问羚羊。

"去年秋天，一只狮子偷偷钻进我家，拖走了我的父亲！"

"既然如此，你唱歌吧，也许心里会好受一点。"老板劝道。

羚羊喝了一整天的酒，从饭馆出来被一只山羊看到时已是醉醺醺的了，它还在用沙哑的嗓子唱着歌。

"你为什么唱歌？"山羊问它。

"我高兴，所以就唱歌了。"

"看你醉成这个样子，不像啊！"

"我能不喝酒吗！"羚羊嚷道，"去年秋天，狮子拖走了我的爸爸。"

"那你现在去哪儿？"山羊问道。

"到森林里去。"

"去那里做什么？"

"同狮子打仗，我要战胜它，剥了它的皮，卖给制鼓匠，让他们给我做面鼓，鼓会发出声音，我就可以跳舞唱歌了。"羚羊的眼睛里闪过一丝快乐。

"我也去，"山羊说，"我的角很尖。"

"不必！我就能对付它。"醉醺醺的羚羊走出村庄，慢慢地向森林走去。途中它遇到一条狗，狗了解到羚羊要做什么后，就说："我同你一起去。去年夏天，狮子吃了我两个弟弟。我能用牙齿对付它。"

"你不要管我的事。"羚羊说，"我现在愤怒至极，可以一下子把它打倒在地。"羚羊独自去找狮子报仇，但是狮子把它吃了。

过了不久，山羊跑进森林为朋友报仇，狮子也把山羊吃了。

狗也来到森林，要问问狮子，为什么吃掉它的两个兄弟，但狗也没回来。

直到今天，狮子还在森林里称王称霸。它心里想：要是善武的羚羊、尖角的山羊、牙齿锐利的狗一齐来向我进攻，我早就完了！森林里也一定没有我的位置了，可它们一个一个地来，就对付不了我。

> ✎ 一根筷子被折断,十根筷子抱成团。在团队中,一个人的力量是有限的,但团队成员通过高效协作,就可以把有限变成无限,实现团队力量远大于个人力量之和的效果。
>
> ✎ 协同精神要求团队成员表现出"平时和睦相处,战时密切配合,危时拼死相救"的精神。

二、龟兔成为夺冠组

？ 团队成员如何才能做到取长补短

？ 团队成员如何提高团队协作效率

龟兔成为夺冠组

　　兔子和乌龟经过多次赛跑,互有胜负。

　　后来,它们放弃一比高下的决心,成了好朋友。它们一起检讨,发现了各自的优点和弱点。

　　"我们为何不取长补短,组成一个团队去和别人比赛呢?"兔子建议。

　　乌龟觉得有道理,便同意了。

　　几天后,他们参加了动物界的接力赛跑。乌龟和兔子一起出发,路上是兔子扛着乌龟,到了河边,乌龟背着兔子过河。到了河对岸,兔子再次扛着乌龟。

　　结果,它们成了唯一一个跑完全程的小组,自然获得了冠军。

- ✎ 团队成员在对团结协作取得一致认同后，只有以自己的优点来弥补对方的缺点，才能取得双赢的结果。
- ✎ 团队成员之间团结一心、取长补短，使"1 + 1 > 2"成为可能，使团队协作更有效率。

三、相互依存火才出

? 团队成员如何认识各自在团队中的作用

? 团队成员应该如何进行妥善的分工合作

相互依存火才出

火石与火镰相互撞击生出火花，可偏偏它们都认为是自己起了主要的作用。

火石说："这是我体内蕴藏的火苗，与火镰没有什么关系。"

火镰说："这是我撞击出的火，与你火石又有什么关系呢?"

火镰与火石都坚持各自的观点，于是决定分手走各自的路。

有一天，火石想生火，便撞击其他物体，撞了上百次也没迸出火花。火镰也想生火，猛击其他物体，也闪不出火星。

于是，它们明白了相互依存的可贵，双方言归于好，重新相聚，寸步不离。

> ✔ 团队成员都有其存在的理由，各自发挥着不可替代的作用。团队成员既要认识到自己不可被替代，也要认识到别人同样不可被替代。
>
> ✔ 妥善的分工合作，能促进团队成员各司其职、各尽其责，使各个成员都成为团队机器上高效运转、不可或缺的零件，最终使团队协作向系统化、流程化的方向前进。

四、得罪了脚要吃苦

? 团队成员如何认识各自在团队中发挥的作用

? 管理者如何实现团队成员协同工作

得罪了脚要吃苦

　　一天，耳、目、口、鼻召开大会并发布宣言："我们位置最高，何等尊贵。脚的位置最低。我们不能与它称兄道弟。"大家都很赞成。脚听了，也不与它们计较。

　　过了几天，有人宴请，口想一饱口福，但脚不肯走。口便无法赴约。

　　又过了几天，耳想听听鸟叫，眼想看看风景，脚也不肯走，耳目也无可奈何。大家便商量改变原来的决议。但鼻不肯，说："你们都有求于脚，可我并没有，它能拿我怎么办呢？"

　　脚听了，便走到肮脏的厕所前，长久站着不动。污臭的气味扑鼻而来，令人恶心。肠和胃大声埋怨道："你们在那里闹意见，却苦了我们！"

- 团队里面的每一个成员都有作用，成员们应该互相尊重、相互协作，而不是互相排斥、相互抵制。
- 团队成员应该客观认识各自的作用，不可随意抬高自己或贬低他人。只有正确认识自己和他人的长处及优点，才能在工作中相互协助、取长补短，实现团队利益的最大化。

五、狐狸不该太自负

? 团队成员如何才能正确认识他人的价值

? 团队成员如何才能有效融入到团队之中

狐狸不该太自负

　　狐狸和狮子合作捕食，狐狸负责寻找猎物，狮子负责捕杀猎物。得到的猎物两人分享。但过了不久，狐狸心里就不平衡起来："没有我去寻找猎物，狮子早就饿死了，它凭什么要分享那么多呢？"于是，狐狸离开了狮子，自己单独去捕猎。

　　第二天，狐狸去羊圈抓羊时，被猎人和猎狗抓住了。

- 团队成员只有客观认识团队中其他成员的作用和价值，才能够融入到团队之中，才能在有效的相互协作中实现自己的价值。
- 团队成员如果缺乏对他人价值的科学认识，人为地放大自己在团队协作中的作用，最终受到损害的只能是自己。

六、狮子善用驴和兔

目标

❓ 管理者应如何利用团队成员的缺点进行团队协作

❓ 管理者如何为每个团队成员搭建团队协作的舞台

寓言 狮子善用驴和兔

有一次，狮子准备征战邻国。于是，它召集了所有臣民共同商讨作战计划。

猴子提出的计划很周密：大象做部队的军需官，负责运输；熊是冲锋陷阵的猛将；狐狸和猴子则充分发挥它们机智灵活的长处，在出谋划策和提供情报上都扮演了重要的角色。其他动物也一一做了安排。

"驴子傻笨，兔子胆小，让它们回去算了。"有大臣建议。

"不！"狮子说，"我们可不能少了它们，驴子嗓门高，可以给我们担任号手；兔子跑得快，可以替我们传递消息。"

果然，在这次战斗中，每个动物都充分发挥了各自的优势，包括驴子和兔子。狮子和它的臣民们打了一场漂亮的胜仗。

启思

🔖 天生我材必有用。没有毫无用处的员工，只有缺乏慧眼的管理者。管理者应正确看待每个团队成员的缺点。

🔖 在团队协作中，管理者要认识到谁都不是多余的，应该为每个团队成员搭建发挥其才能的舞台。

七、协议偷油互帮助

? 如何保证团队协作的公平公正

? 如何才能建立有效的团队协作机制

协议偷油互帮助

> 三只老鼠一同去偷油，找到一口油缸，只有油缸底下还有一点点油。它们静下心来集思广益，终于想到了一个很棒的办法，就是一只老鼠咬着另一只老鼠的尾巴，吊下缸底去喝油。它们达成一致的共识：大家轮流喝油，有福同享。
>
> 为公平起见，老鼠们达成协议：第一只老鼠偷到的油给第二只老鼠喝，第二只老鼠偷到的油给第三只老鼠喝，而第三只老鼠偷到的油给第一只老鼠喝。于是，三只老鼠偷油成功，皆大欢喜。

⚡ 团队协作必须明确责任的承担和利益的分配，这就要求管理者建立团队成员都认同的有效协作机制。

⚡ 没有有效的协作机制，团队成员就很难感受到被公平对待，难以实现长久的团队合作。

八、葡萄还需篱笆助

? 管理者如何认识团队成员的作用

? 管理者如何理解团队协作的作用

葡萄还需篱笆助

　　一个年轻人继承了父亲的家业。他砍掉葡萄园四周所有的篱笆，因为篱笆不能结葡萄。

　　篱笆被砍掉以后，人和动物都能随意进入葡萄园。没过多久，所有的葡萄树都被毁坏了。这个年轻人见到如此情景，才恍然大悟：虽然篱笆结不出一颗葡萄，但它们能保护葡萄园，它和葡萄树一样重要。

　　✔ 一个篱笆三个桩，一个好汉三个帮。管理者要善于发现团队中每个成员的价值，成功需要所有团队成员共同协作。

　　✔ 水涨船高，柴多火旺。一个人的力量总是有限的，团队协作可以完成个人完不成的事情，解决个人解决不了的难题。

九、山羊害人命却无

　　? 管理者如何营造团队协作中应有的气氛

　　? 管理者应如何保持良好的团队协作气氛

山羊害人命却无

　　有个人饲养一只驴子和一只山羊。主人每天总是给驴子喂充足的饲料，嫉妒心很强的山羊便对驴子说："你不如装病，便可以得到休息了。"它又劝驴子假装发狂，跌到沟里去，那么就可以好好休息了。

（续）

驴子没有仔细考虑，就听了山羊的话，故意跌到一条沟里，导致自己遍体鳞伤。主人请医生为它医治，医生说只有把山羊的心肺熬汤给它喝才可以治好。于是，主人马上杀掉山羊为驴子治病。

✎ 天时不如地利，地利不如人和。一个团队需要一种积极向上的气氛和团结合作精神，所以，背后搞小动作、破坏同事关系的人，就是不受欢迎的人。这种人自作聪明，结果往往是"聪明反被聪明误"。

✎ 众人同心，其利断金。在团队协作中，只有所有团队成员团结一致、加强沟通、相互协调，才能营造出良好的团队气氛，也有助于团队事业的发展。

十、零九结合能胜出

❓ 管理者如何看待强的个体和弱的团队的关系

❓ 管理者如何才能使弱的团队胜过强的个体

  零九结合能胜出

0 和 88、9 碰在一起。88 以为自己最大，盛气凌人，不把 9 和 0 放在眼里。它鼓动四张嘴巴，对 9 说："你知道吗？我是你的十倍只差 2 呐！"

"我承认你比我大得多。在你面前，我甘拜下风！"9 驼着背，有些自卑。

"敢于承认人长己短，还算有自知之明呀！"88 又转向 0，鄙夷不屑地瞥了它一眼，"你嘛，连计数的资格都不具备，是个'乌有'先生，岂能跟我相比？"

"你别门缝里看人！"0 摆了摆圆圆的脸蛋，很有自信，"只要我和 9 团结起来，完全有把握胜过你！"

（续）

> "哼!" 88 冷笑道, "9 加 0 或 0 加 9, 还不都等于 9 吗? 要胜过我, 简直是白日做梦!"
>
> "我们不是相加, 而是结合。" 0 边说边靠近 9, 跟它如此这般地说了些悄悄话。9 听了, 笑着点点头。于是, 0 站到了 9 的背后, 组成了一个崭新的数字——90。这时, 0 理直气壮地告诫 88: "变化发展是一切事物的规律。请你睁眼细瞧, 我们已经胜过你了!"
>
> 0 舒了口气继续说: "我虽连计数的资格都没有, 正如你所说, 是个'乌有'先生, 但一旦与其他数字结为同盟, 就大大改变了原有的力量。你呀, 不要只是静止、孤立地看待我们。"
>
> 88 看了 90, 惊诧不已, 哑口无言。

- ✎ 双拳难敌四手, 猛虎敌不过群狼。只要团队实现良好协作, 看似弱小的团队也可以战胜强大的个体, 但如果团队纷争不断, 结果只会失败。
- ✎ 人们在一起可以创造出一个人不能做的事业。智慧 + 双手 + 力量结合在一起, 几乎是万能的。一致的目标、良好的协作方式、共同战斗的决心是团队取得胜利的重要保证。

第三节　提高团队协作能力的 8 个故事

一、不懂互助要被捕

❓ 管理者如何认识个体力量与团队力量

❓ 管理者应如何协调团队中强者与弱者的配合

不懂互助要被捕

在广袤的非洲大草原上，既生活着凶残的狮子，也生活着像羚羊、斑马一样温驯的动物。

但是，这里有一个非常有意思的现象：羚羊是这个世界上跑得最快的动物之一，而它们被狮子捕杀的数量远远多于比它们跑得慢得多的斑马。

狮子为什么能够更多地捕获到跑得快的羚羊，而较少捕获到跑得慢的斑马呢？

原来斑马是群居动物。每当狮子靠近其中一只斑马时，成年健壮的斑马们就会头朝里、尾巴朝外，自动围成一圈，把弱小体衰的斑马围在圈内。只要狮子一靠近，斑马们就扬起后蹄踢向狮子。狮子再强壮，也抵挡不住一群斑马有力的后蹄。羚羊没有相互保护和支持的习性，当狮子来袭时，羚羊们总是四散奔跑，于是往往难逃狮子的利爪，成了狮子的美餐。

✎ 团队力量不是个体力量的简单相加，而是来源于成员间的密切配合和相互协作。

✎ 团队中有强者也有弱者，管理者应学会协调强者与弱者的关系，最终实现团队目标。

二、国王用箭使子悟

❓ 管理者如何才能使团队成员保持互相团结

❓ 管理者如何理解团结对于团队协作的作用

国王用箭使子悟

从前，有一位国王，他有20个儿子。这20个儿子个个都很有本领，难分伯仲。可是他们自恃本领高强，都不把别人放在眼里，认为只有自己最有才能。平时20个儿子常常明争暗斗，见面就互相讥讽，在背后也总爱说对方的坏话。

国王见到儿子们这种互不相容的情况很是担心，他明白敌人很容易利用这种不睦的局面来各个击破，那样一来国家的安危就命悬一线了。于是国王常常利用各种机会和场合苦口婆心地教导儿子们停止互相攻击、倾轧，要相互团结友爱。可是儿子们对父亲的话都是左耳朵进、右耳朵出，表面上装作遵从教诲，实际上并没放在心上，依然我行我素。

有一天，久病在床的国王预感到死神就要降临了，他把儿子们召集到病榻前，吩咐他们说："你们每个人都放一支箭在地上。"

儿子们不知何故，但还是照办了。国王叫过老大说："你随便捡一支箭折断它。"老大顺手捡起身边的一支箭，稍一用力，箭就断了。

国王又说："现在你把剩下的19支箭全都捡起来，把它们捆在一起，再试着折断。"老大抓住箭捆，使出了吃奶的力气，折腾得满头大汗，始终也没能将箭捆折断。

国王语重心长地说道："你们也都看得很明白了，一支箭，轻轻一折就断了，可是合在一起的时候就怎么也折不断。你们兄弟也是如此，如果互相斗气，单独行动，很容易失败，只有20个人联合起来、齐心协力，才会产生无比巨大的力量，保障国家的安全。这就是团结的力量啊！"

儿子们终于领悟了父亲的良苦用心，国王便安然去世了。

✎ 团结就是力量。团队成员只有团结起来，才会产生巨大的力量和智慧，战胜一切艰难险阻。

✎ 团队协助要求团队成员首先认识到团结的力量。不知道团结的重要意义，团队协作也就无从谈起。

三、电池旧了成电阻

？管理者应该如何对待团队中绩效不佳的成员

？管理者组合使用团队成员时应考虑哪些因素

电池旧了成电阻

　　一日，父亲买了两节新电池。可能出于节省的考虑，他不舍得丢掉旧电池，只换了其中的一节。只过了一个晚上，手电的光线就变得微弱昏黄，父亲又换上另一节，可过了几天，电池又没电了。

　　父亲很恼怒地说："买的是两节伪劣产品。"身为电工的儿子对他说这是旧电池成了电阻的缘故，父亲一脸的不解。

　　父亲不懂得，那节舍不得丢弃的旧电池已成为电阻，白白耗费了新电池的电量。

　　✎ 团队成员互相配合得好，团队协作就会产生"1＋1＞2"的效果；如果团队中一个成员出了问题，就可能会形成"1＋1＜1"的不利局面。

　　✎ 团队中的每个成员都很重要，如果有一个成员出现了问题，团队协作的整体效果就会下降。管理者应及时清理那些影响协作效率的团队成员。

四、人多力小缘何故

? 管理者应如何看待"人多"与力量的关系

? 管理者怎样建立有效的团队协作管理机制

人多力小缘何故

"拉绳试验"是一个关于团队协作的实验，它是由一个法国的工程师设计的。

工程师把被实验者分成一人组、二人组、三人组和八人组，要求各组尽全力拉绳，同时用灵敏度很高的测力器分别测量拉力。

在一般人看来，几个人拉同一根绳的合力等于每个人各拉一根绳的拉力之和。结果却让人大吃一惊。

二人组的拉力只是单独拉绳时二人拉力总和的95%。

三人组的拉力只是单独拉绳时三人拉力总和的75%。

八人组的拉力只是单独拉绳时八人拉力总和的49%。

✎ 团队协作不等于团队各成员力量的简单相加，管理者应认识到人多不等于力量大。

✎ 团队协作不能靠团队成员的自发行动来实现，需要依靠科学的监督和激励机制。

五、庙荒只因不和睦

目标

? 管理者如何解决团队成员不团结的问题

? 团队成员如何避免出现居功自傲的心态

故事　庙荒只因不和睦

三个和尚在破落的庙宇里相遇。

"这个庙为什么荒废了呢?"和尚甲触景生情。

"一定是和尚不虔诚,所以诸神不灵。"和尚乙说。

"一定是和尚不勤劳,所以庙产不修。"和尚丙说。

"一定是和尚不敬谨,所以信徒不多。"和尚甲说。

三人你一言我一语,最后决定留下来各尽所能,看看能不能成功地拯救此庙。

于是和尚甲恭谨化缘,和尚乙诵经礼佛,和尚丙殷勤打扫。

果然香火渐盛,朝拜的信徒络绎不绝,庙宇也恢复了鼎盛兴旺的景象。

"都是因为我四处化缘,所以信徒大增。"和尚甲说。

"都是因为我虚心礼佛,所以菩萨才显灵。"和尚乙说。

"都是因为我勤加整理,所以庙宇才焕然一新。"和尚丙说。

三人为此日夜争执不休,庙里的盛况又逐渐一落千丈。分道扬镳的那一天,他们总算得出了一致的结论:这庙之所以荒废,既非和尚不虔诚,也不是和尚不勤劳,更非和尚不敬谨,而是和尚不和睦。

- 居功自傲是破坏团队协作的重要因素。团队成员应客观地认识到自己和别人在团队中的作用，戒骄戒躁。
- 团结是团队协作得以顺利进行的前提，是团队协作能够结出硕果的基础，是团队协作能够长久的保证。

六、螃蟹不该乱攀附

? 管理者如何避免团队成员互拖后腿

? 管理者如何促进团队成员团结互助

螃蟹不该乱攀附

如果说"拖后腿"，螃蟹可能算是这方面的高手了。

当篓子中放了一群螃蟹的时候，不必盖上盖子，螃蟹是爬不出去的，因为只要有一只螃蟹想往上爬，其他的螃蟹便会攀附在它的身上，结果是把它拉下来，最后一只也出不去。

所以，到过菜市场的人都会看到，卖螃蟹的人用一个并不深的大盆装螃蟹，却不必担心螃蟹会爬出来，因为某一只爬到某一高度时，总有别的螃蟹把它拖下去。

- 团队协作得好，就会形成一股力量；团队协作得不好，只会是一盘散沙。在协作过程中，团队成员应该团结互助，而不是相互拖后腿。
- 团队成员的互拖后腿、相互拆台，不但会损害团队的整体利益，最终也会损害团队成员的个人利益。

七、比赛要有团队助

? 管理者如何才能使团队接受更复杂的任务

? 管理者如何才能不断提高团队的协作水平

比赛要有团队助

F1，又称为"一级方程式赛车世界锦标赛"，是方程式赛车中的顶级赛事。很多人并不清楚，团队协作对比赛成绩的影响也是至关重要的。

团队协作体现在中途进站加油换胎（PitStop）时的效率。在 PitStop 浪费一秒钟，就可能对比赛的胜负产生决定性的影响。停站时的失误不但会延误时间，也可能会引起火灾。比赛时工作人员熟练的动作都来自平时的练习，车队通常会利用星期四下午和星期天早上来练习 PitStop。PitStop 是危险的工作，所以每一位工作人员都必须穿防火服、戴安全帽。这些工作人员在车队中都还有另外的正职，如技师、卡车司机、备用品管理员等，加油和换胎只是他们工作的一小部分。

赛车每一次停站，都需要22位工作人员的参与。从他们以下的分工便可看出其协作的精密程度。

12位技师负责换胎（每一轮三位，一位负责拿气动扳手拆、锁螺丝，一位负责拆旧轮胎，一位负责装上新轮胎）。

一位负责操作前千斤顶。

一位负责操作后千斤顶。

一位负责在赛车前鼻翼受损必须更换时操作特别千斤顶。

一位负责检查引擎气门的气动回复装置所需的高力瓶，必要时必须补充高压空气。

一位负责持加油枪，这通常由车队中最强壮的技师担任。

一位协助扶着油管。

一位负责加油机。

一位负责持灭火器待命。

一位被称为"棒棒糖先生"，负责持写有"Brakes"（刹车）和"Gear"（入挡）的指示板，当牌子举起，即表示赛车可以离开维修区了。他也是这22人中惟一配备了用来与车手通话的无线电话的。

一位负责擦拭车手安全帽。

✎ 管理者要认识到，随着任务复杂程度的提高，对团队协作水平的要求也在提高。一个团队只有不断提高自己的协作水平，才能够接受更加重要而复杂的任务。

✎ 团结协作是优秀团队的制胜法宝，是高效团队的绩效武器。只有团结协作，团队才能不断取得成功，不断跨越新的高度。

八、贪图保身兄弟无

? 团队成员如何认识相互帮助的道理

? 管理者如何开展团队团结互助活动

贪图保身兄弟无

　　一家有五个兄弟，他们都没什么本领，但是都进入了皇宫，而且成了皇帝身边的近臣，于是兄弟五人逐渐富贵起来，但是他们在富贵以后都挥霍无度、日渐浮夸。

　　后来，他们兄弟中有人犯了法，其他兄弟不仅不管不顾，而且避之不及。旁人看这兄弟五人无情无义，便编了一首诗："桃生露井上，李树生桃旁，虫来啮桃根，李树代桃僵。树木身相代，兄弟还相忘。"这也就是"李代桃僵"的由来。

✎ 不能互相帮助的团队有可能最终全军覆没。

✎ 不帮助别人可能最终自身也不能保全。

第四节 提高团队协作能力的 4 个游戏

一、联为一体踢足球

目标

? 让游戏参与者了解团队进行协作的必要性

? 让游戏参与者体会团队协作中沟通的作用

游戏 **联为一体踢足球**

人数	20 人	时间	45 分钟
场地	空地或操场	用具	绳子若干条，足球、哨子各一个
游戏步骤	1. 把整个团队分为人数相等的两组。 2. 让队员们选择和自己身材相当的人，组内结对。 3. 让搭档们把各自的脚踝绑在一起。 4. 每组选一对搭档，背靠背站立，并把他俩的腰捆在一起，作为各队的守门员。 5. 两队开展足球比赛，分上下半场，每个半场 15 分钟，半场结束时两队交换场地。比赛时，队员们必须一直绑着脚踝，用"三条腿"踢球，按足球规则进行比赛（如果你不清楚，可以问队友或自己制定规则）。 6. 对队员的疑问给予充分解答，然后吹哨，游戏开始。		
培训技巧	1. 下半场比赛时，把三个队员的腿踝捆绑在一起。 2. 可以让搭档中的一人蒙上眼罩。		

* 当你和你的同伴被捆绑在一起而不得不一起工作时，你要做的只有与他共同协作，把任务完成。
* 团队协作需要讲究方式和方法。有时候，最好的协作不是把团队成员捆绑在一起工作，而是让每个人在自主工作的同时相互配合、共同努力。

二、触地只能四个点

? 团队成员应如何看待其他成员的作用

? 团队成员应如何认识团结协作的力量

触地只能四个点

人数	35 人	时间	45 分钟
场地	空地或操场	用具	无
游戏步骤	1. 把队员划分成五个小组。 2. 要求每组七人作为一个整体穿越场地，队员身体必须直接接触，并且不能借助外物连接在一起。任何时候，每组只能有四个点接触地面，这些接触点可以是脚、手、膝盖或后背。如果在游戏过程中，哪个队的接触点超过了四个，必须回到起点重新开始。 3. 给每个小组 10 分钟的游戏计划时间。建议各组在计划时间内彼此分开，防止相互偷听。 4. 游戏开始。		

（续表）

问题 讨论	1. 游戏过程中，各组都采取了什么办法？ 2. 起初，你们中是否有人认为这个游戏不能完成？ 3. 游戏结束后，大家感觉如何？ 4. 各组发扬团结协作的精神了吗？
培训 技巧	1. 保证大家在游戏过程中采用正确的抬举技巧，防止摔伤。 2. 保证大家在游戏过程中要充分合作。

* 每个团队成员都不可或缺。团队成员应具有团队协作精神，要心往一起想、劲往一处使。
* 团队成员应认识到，只有大家齐心协力、团结协作，才能将个人力量的小流汇集成团队力量的江河，才能攀上团队目标的高峰。

三、四人共做俯卧撑

? 让游戏参与者认识团队协作在目标达成过程中的作用

? 让游戏参与者体验在团队协作中进行有效激励的方式

　四人共做俯卧撑

人数	20 人	时间	10 分钟
场地	一块宽敞的草坪	用具	无
游戏 步骤	1. 将成员分成四人一组。 2. 每组成员趴在地上，把双脚放在彼此背上，做团体俯卧撑。要正确完成规定动作，即地上不会有脚，只有四双手。 3. 做的最多的一组获胜。		

95

- 团队成员的状态对整个团队有重要影响。团队成员必须认识到团队是一个整体，自己的泄气可能会造成团队功亏一篑。
- 有时候，在竞争中胜出的团队不一定是能力最强的团队，而是团队协作最好的团队。

四、小组用人组机器

? 让游戏参与者认识到自己是团队的一部分

? 加强游戏参与者相互之间的团队协作意识

小组用人组机器

人数	45 人	时间	30 分钟
场地	不限	用具	无
游戏步骤	1. 把队员们划分为若干个由 8 ~ 12 个人组成的小组。 2. 给每个小组五分钟的时间设计出一台人工机器，小组中的每个队员都是机器的一个组成部分，各个组成部分相互关联，一个组成部分的活动会引发其他组成部分的相关活动。 3. 五分钟后，让各个小组依次展示自己设计的人工机器。 4. 全体队员一起选出最佳设计。 5. 每个小组展示完自己的人工机器后，让大家把所有的人工机器连接起来，形成一个大型的人工机器。在设计机器的过程中禁止说话。		

🗣 每个团队成员都要认识到自己是团队中的一员，自己的工作是团队协作中的一个环节，每个成员都需要和团队其他成员一起同努力、共进步。

🗣 团队中每个人各司其职、贡献自己的力量是非常重要的，只有这样，才能有效地完成团队任务、达成团队目标。

PART 6

第六章

提高团队信任能力

团队信任能力自测

在团队中，信任能力是指管理者与团队成员之间坦诚相待、相互信任、互助互协的能力。请通过下列问题对自己的该项能力进行差距测评。

1. 在团队中，你如何看待诚信问题？
   A. 诚信是信任的基础　　　　B. 诚信影响信任关系
   C. 诚信是个人品德
2. 管理者如何赢得团队成员的信任？
   A. 做事先做人，言行一致　　B. 按制度办事，一视同仁
   C. 保持行为的一贯性
3. 是什么让你信任团队中的其他成员？
   A. 团队成员的品德　　　　　B. 团队成员的能力
   C. 团队成员的经验
4. 你如何看待团队成员间的信任对团队的影响？
   A. 信任会提高工作效率　　　B. 信任会增进团结和沟通
   C. 信任会减少误会
5. 当团队某一成员的行为被其他成员怀疑时，你如何看待？
   A. 通过沟通了解真相　　　　B. 应继续相信他们
   C. 根据品行来决定是否信任
6. 管理者应如何看待信任团队成员的作用？
   A. 激发团队成员的斗志　　　B. 让团队成员顺利完成任务
   C. 增进双方的感情
7. 你认为团队成员间如何才能保持充分信任？
   A. 建立信息共享机制　　　　B. 定期沟通，消除疑问
   C. 遇到疑问及时沟通
8. 管理者应通过何种途径使团队成员之间相互信任？
   A. 用统一目标增强凝聚力　　B. 团队成员间加强沟通
   C. 提高成员能力和道德水平
9. 管理者如何才能避免团队瓦解？
   A. 让团队成员充分信任　　　B. 定期协调成员利益关系
   C. 跟进团队成员需求
10. 管理者对自己看到的状况和现象应该怎样认识？
    A. 自己看到的未必是真实的　B. 自己只看到一部分
    C. 眼见为实

选 A 得 3 分，选 B 得 2 分，选 C 得 1 分
24 分以上，说明你的团队信任能力很强，请继续保持和提升。
15 ~ 24 分，说明你的团队信任能力一般，请努力提升。
15 分以下，说明你的团队信任能力很差，亟需提升。

第一节　团队信任能力培养与训练提高

一、要信任你的伙伴

在团队管理中，团队成员之间的信任程度直接影响着团队协作的水平和团队目标的实现。缺乏信任的团队不仅无法保证团队目标和个人利益的实现，甚至会造成不必要的损失。

下了一夜暴风雪，三只离开狼群觅食的狼被困在了铺满厚厚积雪的草原上。第二天，暴风雪停了。三只迷路的狼开始了寻找狼群的艰难历程。它们必须找到狼群，否则在这冰天雪地的草原上，以它们三只狼的力量根本没有活下去的可能。为了减少体力消耗，它们三个排成一列，领头的是一只很有野外生存经验的老狼。后面两只较年轻的狼依次踏着老狼的脚印往前走。天气很冷，雪也很厚，它们每走一步都很艰难。突然，老狼摔倒了，它的一条腿被埋在雪下面的一块带着尖的石头划了个大口子，流了不少血。看来老狼是不能带路了，一只年轻的狼立刻走在了第一的位置，后面是老狼，然后是另一只年轻的狼。就这样，它们不停地走着。

老狼终于坚持不住了，剧烈的疼痛使它寸步难行。大家只好停下来，商量应急的办法。把老狼丢下肯定是不行的，那是违背狼道的事。如果两只年轻的狼背着它走，估计它们很难走出这冰天雪地的草原。最后，老狼提议，把它先放在这里，等两只年轻的狼找到狼群后再带着狼群来救它。大家都认为这是一个好主意。于是，两只年轻的狼把老狼安顿在附近一个向阳且背风的小山坡下面的一块大石旁边，它们又踏上了寻找狼群的征途。

等待是痛苦的，开始老狼还信心十足，它相信两只年轻的狼一定会带着狼群来救它。可过了中午，依然不见狼群的影子，又冷又饿的老狼开始着急了。它大声地叫着，希望狼群能听到它的声音。然而，除了冷风的呜咽声外，再没有别的声音回应它。最后，它的嗓子也叫哑了，再也叫不出来了。

临近傍晚，风更大了、天更冷了。老狼蜷伏在那里，心里咒骂着两只年轻的同类。它认为它们欺骗了它，抛弃了它。它仿佛已经看到了自己的最后结局，那就是冻死在这冰天雪地里，然后被老鹰吃尽了尸体。

（续）

> 不行，这绝对不是一只狼的归宿，一只真正的狼是不能被冻死或饿死的。于是，它挣扎着站起来，看了这个世界最后一眼，然后用尽全身力气朝那块石头撞去！就在它冲向石头的一刹那，它听到了远处传来的群狼的嚎叫声，它知道狼群来了。可结局已无法挽回，老狼的头在石头上撞得脑浆迸裂。当狼群到来的时候，老狼尸体的最后一丝热气刚刚散去。

老狼的死是悲壮的，也是令人惋惜的。悲剧本不该发生，它应该相信它的伙伴，因为它们来自一个优秀的团队。困境出现的初期，它们的应变是及时而有效的，它们的决策也是正确的。它们排出了狼群惯用的一列纵队，以最佳的合作减少体力的消耗。在老狼受伤以后，年轻的狼立即替换了它的位置，并让它走在中间，目的是可以更好地保护它、帮助它。当它无法行走的时候，把它安顿在安全的地方，由两只年轻的狼继续寻找狼群，然后回来救它的计划也是可行的。但在最关键的时刻，老狼失去了对伙伴的信任，最终命丧雪原。

在一个优秀的团队中，每一个成员必须要充分地信任自己的伙伴，只有这样大家的力量才可以凝聚在一起，形成战无不胜的力量。团队中各成员充分信任彼此，是成员间相互协作以及共同实现团队目标的基础。因此，在团队建设中，提高团队信任能力是一个至关重要的方面。

二、提高团队信任能力

要提高团队信任能力，首先必须明确团队信任的表现形式，在此基础上寻找提高团队信任能力的各种途径。

（一）团队信任的表现形式

1. 团队管理者对成员的信任

团队成员通过工作表现、工作成效以及个人品行获得团队领导的信任。

2. 团队成员对管理者的信任

团队建立初期，团队成员对团队管理者的信任主要是根据领导者的以往经历、个人能力而产生。在团队成长的过程中，管理者通过指导团队成员、事件处理能力、个人魅力等加深成员对其的信任。

3. 各团队成员间的相互信任

团队成员间的相互信任是在团队协作过程中，各团队成员通过合作所感到的工作契合度、积累的情感以及愉快程度等因素形成的。

（二）提升团队信任能力的途径

提高团队信任能力应该从以下两个方面进行。

1. 从团队管理的角度来说

（1）建立团队规范

建立团队规范在团队建设中起着重要的作用，可行的团队规范加上严格的执行，可以在某种程度上增进团队成员与团队管理者的信任。

（2）建立团队成员间的信息和知识共享机制

团队成员之间由于专业、背景以及交往时间的长短而经常存在信任度不足的问题，通过信息和知识共享可以在较短的时间内增加信任度，降低信任风险。

（3）搭建有效的团队沟通平台

在实现团队目标的过程中，管理者有必要对工作过程中出现的各类问题与团队成员进行沟通，给予团队成员公开表达和提出问题的机会，可以利用电子邮件、午餐会以及定期会议等形式，以减少团队成员由于对工作中的情况缺乏了解和共识而产生的不信任感。

（4）减少团队合作过程中不可控因素的发生

在实现团队目标的过程中，必然会产生一些新情况、新问题，这也会考验整个团队的信任能力，如果处理不好，将会降低团队成员之间的信任度，甚至产生不信任感。所以，团队合作初期，管理者应进行周密的安排和部署，避免在合作过程中出现较多的意外因素，从而增加信任风险。

2. 从团队成员的个人角度来说

（1）正直、诚实

正直、诚实更容易获得他人的信任。

（2）忠诚

忠诚能够使团队成员在团队中长久地得到信任。

（3）工作能力

过硬的技术技能和人际交往技能，更容易获得他人的信任。

（4）行为一贯性

行为可靠、可预测，处理问题时有较强的判断力。

第二节　提高团队信任能力的 4 个寓言

一、猴子不再相信它

目标

❓ 团队成员如何才能够获得他人的信任

❓ 团队成员如何树立自己讲诚信的形象

寓言　猴子不再相信它

　　河的中央有一个小洲，小洲上长着一株桃树，树上结满了桃子。

　　狐狸想吃桃子，可是过不了河。

　　猴子想吃桃子，也过不了河。

　　狐狸便和猴子商量，一同设法架桥过去，摘下桃子，各分一半。

　　狐狸和猴子花了很大力气，一起扛来一根木头，从河边架到河中的小洲上，构成了一座独木桥。

　　这座桥太窄了，它们不能同时走，只能一个一个地过去。

　　狐狸对猴子说："让我先过去，你再过去吧！"

　　狐狸走过去了。狡猾的狐狸想独自吃桃子，便故意把木头推到河中去了。接着，狐狸哈哈大笑起来，说："猴子，请你回去吧，你没有口福吃桃子！"

　　猴子非常生气，可是它也马上笑起来，说："哈哈！你能够吃到桃子，可是你永远回不来啦！"

　　狐狸听了非常着急，没有办法，只好哀求猴子："猴子，我们是好朋友，如果你能帮我回去，这里的桃子全归你。"

　　猴子一句话也不说，径自走开了。

> ✔ 团队成员要认识到，他人的信任能给自己带来长期利益。为了短期的利益而让别人失去对自己的信任，最终将损害自己的长期利益。
>
> ✔ 诚信是信任的基石。团队成员只有对他人讲究诚信，才能获得他人的信任。

二、笑容可掬更可怕

? 管理者如何营造团队的信任氛围

? 管理者如何获得团队成员的信任

笑容可掬更可怕

　　一群羊原来的头儿是一只模样长得很凶的牧羊犬。它总是板着面孔在羊群中走来走去，从来没有见过它有一丝笑容。于是羊们向主人提意见说："这个头儿太不平易近人了，我们看了就害怕。"

　　主人为了让羊们多长羊毛、多产奶，便用一只笑容可掬的狐狸代替了牧羊犬。新的头儿上任以后，见到谁脸上都堆着笑，一副和蔼可亲的样子。

　　过了一些日子，主人发现，羊们的毛长得比原来更慢了，奶也产得少了许多。

　　主人悄悄地问羊："现在的头儿这么和气，你们为什么不多长毛、多产奶?"

　　羊们唉声叹气地说："过去的头儿模样虽然长得凶一点，但我们很有安全感；现在的头儿一团和气，我们却时刻都提心吊胆啊。"

　　狐狸再怎么笑容可掬，在羊看来，终究是不怀好意的，在这样终日忧心忡忡的氛围中，不可能产出更多的奶和毛。

- 管理者在很大程度上决定着一个团队能否建立起信任的氛围，表面上的信任感固然重要，但是暗藏的不信任感会严重影响团队的效率。
- 对管理者而言，被他人信任不是仅仅做到表面上的和颜悦色，更不能笑里藏刀，而是在有一颗真诚待人之心的基础上做到表里如一。

三、唐僧偷笑因为啥

? 对于内部缺乏相互信任的团队，管理者应如何进行管理

? 管理者应如何应对由于缺乏信任而带来的管理成本增加

唐僧偷笑因为啥

　　唐僧、孙悟空经过许多磨难终于到达西天。孙悟空喜不自胜，向唐僧说道："师父，请受徒儿一拜，感谢你对我的信任，让我成了佛。"

　　唐僧双手合十，眼睛微闭，躬身答道："应由我来感谢你对我的忠诚，阿弥陀佛！"不觉抿嘴一笑。

　　没想到这细节被土地看到了。

　　土地问唐僧："师父为什么对悟空发笑？"

　　唐僧回答说："这猴头神通广大，现在又修成了正果，其实根基还是很浅的。你要知道，我对他的信任，无非是那道紧箍咒；他对我的忠诚，也无非是那道紧箍咒。"

- ⚡ 管理者应该建立起严格的控制体系对缺乏信任的团队进行管理，以确保团队目标的顺利实现。
- ⚡ 管理者应认识到团队内部缺乏相互信任，必然加大协调的难度。管理者应尽力营造团队信任的氛围，以减少管理成本。

四、小猪要去买西瓜

? 管理者应如何通过建立诚信机制来提高团队信任水平

? 管理者如何通过增加团队成员的互信来提高团队效率

小猪要去买西瓜

大猪和小猪在家吃西瓜，它们把西瓜从中间切开，一人一半。

不一会儿大猪把自己的那份吃完了，就对小猪说："我出钱，你去买一个西瓜回来怎样？回来后平分。"

小猪同意了，但刚出门又回来了，问："你会不会偷吃我的西瓜？"

大猪说："这怎么可能？你还信不过我吗？我保证不碰你的西瓜。"

于是，小猪出去了。

一个小时过去了，小猪没有回来。

两个小时过去了，小猪还是一点消息都没有。

等到第三个小时，大猪实在是等不及了，心想：先把它那份吃了，回来后多分给它一些算了。于是它拿起小猪那半个西瓜，刚想要吃，这时，小猪从门外冲了进来，夺过自己的西瓜，生气地说："哼，我就知道你不可靠，幸亏我一直在门口盯着你。"

✔ 信任是团队成员进行有效协作的先决条件，缺乏信任会使团队成员在相互怀疑中浪费大量的时间和精力，从而造成团队效率的低下。

✔ 管理者应建立诚信机制，对诚信的行为进行鼓励，对不诚信的行为进行惩罚，从而使每个团队成员都能充分信任他人。

第三节　提高团队信任能力的 **6** 个故事

一、不信同伴要被抓

? 遇到可疑情况时，团队成员怎样才能保持相互的信任

? 管理者对下属授权以后如何才能保持对其的充分信任

不信同伴要被抓

雁奴是雁群中个头最小、最机敏的一种雁。每天晚上群雁夜宿的时候，总有一只雁奴彻夜不眠，在雁群周围执行警戒任务。它只要听到一点儿声音，便立刻号叫起来，紧接着群雁的惊叫声便会连成一片，互相催促着匆忙飞走。

因为雁群有雁奴的及时报警，所以夜间捕雁的人经常一无所获。后来，人们经过仔细观察，逐渐掌握了雁群的夜间生活习性，并根据雁奴过于敏感的天性制订了一个搅乱群雁生活规律的捕雁计划。他们首先摸清了雁群在湖泽边的栖息地，然后悄悄地

（续）

在其周围布下了大网，在网的旁边挖掘了一些洞穴。等夜幕刚一降临，人们就带着捆雁用的绳子到洞穴中躲藏起来，不声不响地蜷缩在洞中过夜。在天亮之前，他们把洞穴外面的柴草点燃，雁奴一见到火光，立即飞过去把火扑灭。雁群被雁奴发出的响声惊醒了，但睁开眼一看，周围没有别的动静，于是又安心地睡觉。

人们一连点了三次火，三次都被雁奴扑灭。然而雁群被雁奴惊醒了三次，过后都没有遇到危难，所以都抱怨雁奴大惊小怪，轮番用嘴啄它，用翅膀击打它。出完了气，群雁又放心大胆地睡起觉来。过了一会儿，捕雁的人又点燃了火光。雁奴害怕众雁再打它、啄它，便不敢鸣叫。人们见雁群寂静无声，迅速张开大网向群雁栖息的地方猛然扑去。网到之处，没有一只雁能够幸免。

✔ 遇到可疑情况时，团队成员应进行充分的沟通，弄清事情的真相，切忌根据表面现象进行主观臆断。

✔ 管理者对团队成员进行授权后，要给予其充分信任并保持不断沟通，只有这样才能使团队成员有效履行职责，维护团队利益。

二、项羽中计终自杀

？ 管理者如何看待缺乏信任给团队带来的影响

？ 管理者如何用信任来激发团队成员的积极性

项羽中计终自杀

楚汉战争中,范增是项羽的第一谋士(被项羽尊称为"亚父"),钟离昧是项羽的得力战将,二人对项羽忠心耿耿,多次帮助项羽打败刘邦,立下了赫赫战功。

一次,项羽把刘邦围困在荥阳,刘邦想不出击退项羽的计策,很是着急。刘邦的谋士陈平向刘邦进言:项羽有勇无谋,失去了范增和钟离昧,就好对付了,应该离间他们与项羽的关系。"刘邦同意了,很慷慨地拿出四万金供陈平实施这条计策,并且不过问金子的具体用途。

陈平派人贿赂项羽左右,让他们散布谣言说,钟离昧有大功,但是项羽对他不公平,钟离昧心生不满,不肯再为项羽卖命。项羽果然中计,不再信任钟离昧。

陈平还派人散布了范增不满意项羽的谣言,项羽开始还不怀疑范增。但有一次,项羽派使者到刘邦的军营,开始时刘邦准备了丰盛的宴席来接待使者,但不久就马上命令撤掉宴席,并且装出很生气的样子说:"还以为是范增派来的呢,原来项羽派来的。"使者回去后向项羽作了汇报,项羽顿时对范增起了戒心。最终范增郁闷而死。

失去了范增和钟离昧,项羽的实力被大大削弱,最终落了个乌江自刎的下场。

✎ 缺乏信任将使团队成员离心离德,甚至造成团队的土崩瓦解,团队目标的实现更是无从谈起。

✎ 管理者的信任能够提高团队成员工作的积极性,发挥他们的创造性,鼓舞他们的创新精神。因此,信任是管理者激励团队的有效方式。

三、修渠为何不快挖

目标

? 团队成员间怎样才能避免出现不必要的误会

? 管理者如何理解沟通对于团队信任的重要性

故事　修渠为何不快挖

　　一年夏天，天气大旱，眼看辛辛苦苦播种的庄稼就要旱死了，农夫甲和农夫乙经过商议决定修建一条水渠将山下水井里的水引上来灌溉庄稼。于是他们决定分别从地头和井口向中间挖，农夫甲从水井那端挖起，农夫乙从地头那端挖起，他们的老婆负责做饭和送饭。

　　第一天活干完了，农夫甲这边土比较多，挖了五丈，农夫乙这边石头比较多，所以才挖了两丈。两个人都累坏了。

　　负责送饭的农夫甲的老婆对农夫甲说："你今天挖了五丈远，而农夫乙才挖了两丈远。"农夫甲想："他该不会是在故意偷懒吧？明天我得少挖一点。"农夫乙的老婆对农夫乙说："农夫甲今天挖了五丈远。"农夫乙想："明天我要加油啊！"

　　第二天活干完了，农夫甲挖了四丈远，农夫乙挖了三丈远。晚上，农夫甲的老婆对农夫甲说："今天农夫乙挖了三丈远。"农夫甲想："我偷懒还挖了四丈，农夫乙才挖了三丈，太过分了！"农夫乙的老婆对农夫乙说："你知道吗？农夫甲昨天挖了五丈，而今天才挖了四丈远。"农夫乙想："昨天能挖五丈，今天却挖了四丈，农夫甲今天肯定偷懒了，明天我也少干点。"就这样，当他们终于把水渠修完的时候，庄稼早就旱死了。

启思

✎ 缺乏相互信任将导致团队成员失去对客观事实的正确判断，影响组织目标的顺利实现。

✎ 团队成员间只有加强沟通，才能化解误会，保持充分信任。

111

四、后背为何没伤疤

目标

? 管理者如何认识相互信任的作用

? 团队成员如何才能做到相互信任

故事

后背为何没伤疤

古代有两个侠客，他们从小一起拜师练习武艺，他们学成以后就去参军报效自己的国家。在去参军的路上，两个人遇到一帮土匪，土匪将他们两个团团围住，这两个人的背紧紧靠在一起，他们拿着自己手中的剑，一次一次地阻挡土匪的进攻，直到把土匪杀退了。

有一次，两人去刺探军情，结果被敌国发现，许多敌国的士兵将他们围在中间，想从他们的口中得到一些重要的情报，结果两个人宁死不屈，奋力抵抗，都受了很重的伤，但他们没有放弃，始终为后面的人阻挡敌人。在两个人快要坚持不住的时候，后援队及时赶到，两个人才得以幸存下来。在以后的岁月中，两个人始终战斗在一起。

十年后，两人卸甲归田。村子里经常有很多年轻人来问他们，他们是如何在战场上厮杀的，是如何将敌人一次又一次击退的。两人经常是笑一笑，然后将上衣脱下来，给这些年轻人看，他们发现两人的胸前全是伤疤，但奇怪的是他们两个人的后背居然没有任何损伤的痕迹。其中一人说："在战斗的时候，我们彼此信任对方，将后背托付给对方，只管前面的敌人，不会顾及后面有敌人，因为后面有我最信任的人在保护我。"

两人能在战斗中把后背交给对方，那就是最大的信任。

启思

✎ 团队成员只有互相信任、互相帮助才能够战胜困难。

✎ 如果需要别人诚信，首先自己要诚信。坦诚相待，则世间无不可信之人，信任队友是团队成功的前提。

五、侯渊释俘把城占

? 管理者如何信任下属

? 团队怎样利用信任关系击败敌人

侯渊释俘把城占

北魏大都督侯渊率领七百骑兵，疾奔袭击拥兵数万的葛荣部将韩楼。他孤军深入敌方腹地，带着一股锐气，在距韩楼大本营一百多里地处，将韩楼的一支五千余人的部队一下子就打垮了，还抓了许多俘虏。侯渊没有将俘虏当"包袱"背，而是将他们放了，还把缴获的马匹、口粮等东西全部发还给他们。侯渊的部将都劝他不要放虎归山，以免增加敌人的实力。侯渊向身边的将士们解释道："我军仅有七百骑，兵力十分单薄，敌众我寡，无论如何不能和对方拼实力、拼消耗。我将俘虏放归，用的是离间计，使韩楼对他们疑心，举棋不定，这样我军便能趁机攻克敌城。"将士们听了这番话，才恍然大悟。

侯渊估计那批释放的俘虏快回到韩楼占领的蓟城了，便率领骑兵连夜跟进，拂晓前就去攻城。

韩楼接纳曾被俘过的这批部下时，就有些不放心，当侯渊紧接着就来攻城时，便怀疑这些放回来的士兵是给侯渊当内应的。他由疑而惧、由惧而逃，弃城而去没多远，就被侯渊的骑兵部队追上去活捉了。

✎ 只有成员之间相互信任的团队才能战无不胜。

✎ 知己知彼，百战不殆。管理者既要认清自己的团队，也要认清竞争对手的团队，只有对彼此的情况有了比较清晰的认识以后，才能做出正确的决策，赢得胜利。

六、居心叵测把王骗

目标

❓ 管理者如何鉴别不可信任的人

❓ 管理者如何使团队成员忠心效力

故事 居心叵测把王骗

楼缓是赵国的大臣，奉赵王之命出使魏国。他居心叵测地对赵王说："臣一定尽力完成使命，可是臣恐怕无法活着回来见大王。"赵王说："你不用担心，我会给对方一封亲笔信，请他们好好照顾你。"

楼缓说："大王也听说过公子牟夷在宋国发生的事吧，牟夷是一位身份尊贵的人，可是，文张得宠后，开始中伤牟夷。现在，臣和大王的关系，比不上牟夷和宋王。而且，中伤臣的人，厉害程度一定比文张中伤牟夷深。"

赵王以坚定的口气说："你可以放心，本王绝不听信任何中伤你的话。"

楼缓走后不久，就逃到魏国并把整个中牟城送给了魏国。间谍马上把楼缓叛国的消息报告给赵王，赵王却只认定与楼缓的承诺。直到赵王失去了中牟城，才痛心不已。

启思

⚡ 团队中不忠诚的成员不应当被信任，否则会给团队带来损失。

⚡ 管理者应当以事实为依据，而不应仅仅听信任何成员的一面之词。

第四节 提高团队信任能力的 4 个游戏

一、信任队友过云梯

?增强游戏参与者对团队其他成员的信任

?让游戏参与者体会如何让他人信任自己

  信任队友过云梯

游戏介绍	这个游戏主要用于建立小组成员间的相互信任。虽然游戏设计很简单，但是非常有效。		
场地	空地或操场	时间	60 分钟
用具	10 ~ 12 根硬木棒，要求每根长约 1 米，直径约 30 厘米		
游戏步骤	1. 让每个队员找一个搭档，让其中一个人爬云梯，另一个人做监护员。 2. 给每对搭档发一根木棒（或水管）。让每对搭档面对面站好，所有搭档肩并肩排成两行。 3. 每对搭档握住木棒，木棒与地面平行，其高度介于肩膀和腰部之间，这样就形成了一个类似水平摆放的木梯。每根木棒的高度可以略有不同，以便形成一定的起伏。 4. 把选好的爬梯者带到云梯的一端，让他从这里开始爬到云梯的另一端。可以让前端的搭档等爬梯者通过后，迅速跑到末端站好，这种方法可以帮其随意延长云梯。		

（续表）

问题讨论	1. 爬梯之前和之后的感受如何？ 2. 做"梯子"的人有何感受？
游戏要点	1. 要确保木棒表面光滑，以避免划伤或扎伤爬梯者。确保每个人都能牢牢抓住木棒，千万不能在队友经过的时候失手。这是一个用来建立信任的游戏，如果有人不慎失手的话，丧失的信任感将很难恢复。另外，不允许将木棒举到比肩膀还高的位置上。 2. 可以调整队型，形成一个弧形的梯子。 3. 可以把爬梯者的眼睛蒙起来，但是不要蒙住做"梯子"的队员的眼睛。

语录

- 相互信任是团队合作的基础，是决定团队取得成功的关键因素，是有效达成团队目标的必要条件。
- 信任就是力量，相互信任是团队发展的力量源泉。要想取得他人信任就需要先以自己的行动来证明自己值得信任。

二、信任才敢往前走

目标

? 让团队成员间互相获得信任

? 了解信任对整个团队的影响

信任才敢往前走

人数	16 人	时间	20 分钟
场地	不限	用具	1. 一个眼罩。 2. 一面坚固的平壁，如建筑物的一面墙。
游戏 步骤	1. 选择一块平整的草地，里面没有障碍物，以防绊倒蒙着眼罩的志愿者。 2. 所有队员背对墙壁（或其他坚固物体），站成一排，队员间隔一臂的距离。 3. 选两名志愿者，让其中一个人蒙上眼罩。 4. 让没有蒙眼罩的志愿者把蒙着眼罩的搭档带到距离墙壁十米远的地方，面向沿着墙壁站立的那排队员，然后让蒙眼罩的人向前走。 5. 蒙着眼罩的志愿者要摆出"缓冲"姿势，即向前伸出双臂，小臂向上弯曲，手掌向外，手的高度与脸齐平。在发生意外碰撞时，这种姿势有助于避免或减轻对身体的伤害。 6. 紧靠墙壁站立的那排队员要保持完全静止和沉默，此外，还要防止蒙眼罩的人撞到墙上，换句话说，当那个蒙眼罩的人靠近队伍时，队员要抓住他，不能让他触及墙壁。 7. 两位志愿者前进时，没蒙眼罩的人充当监护员。他们不能靠得太近，但也要保持在一定的距离之内，以便蒙眼罩的人快摔倒时能及时被扶住。一切就绪后，告诉蒙眼罩的人向墙壁走去，同时摆出"缓冲"姿势。 8. 墙边的人抓到蒙眼罩的志愿者之后，大家依次交换角色，保证每个人都蒙一次眼罩，做一次监护员。 9. 第一轮游戏结束后，重复一次。		
问题 讨论	1. 在游戏过程中，队员们对蒙着眼睛走路有何感想？ 2. 在第二轮游戏中，大家是不是感觉更自如了？为什么？ 3. 监护员对自己的作用有何认识？ 4. 当前什么因素阻碍了我们相互支持？如何克服它？		
培训 要点	1. 确保要让蒙眼罩的人以"缓冲"的姿势走路，同时，监护员要保持警惕。 2. 可以让两个蒙眼罩的志愿者同时朝墙壁走去，看谁最先到达。第一轮游戏结束后，可以在第二轮游戏中如此安排而不必重复前者。		

🖋 团队成员能否做到相互信任，很大程度上取决于团队成员能否主动接纳并真正信赖身边的团队伙伴。

🖋 信任是团队精诚合作的基石，团队缺乏信任，不仅会造成整个团队不和睦，而且会直接影响团队的战斗力。

三、信任才能到古城

❓ 增进团队成员之间的信任感

❓ 了解团队沟通的环节和步骤

信任才能到古城

人数	8～12人	时间	1小时以上
场地	200～1 000米的林间小路	用具	每名参加者一个眼罩

游戏步骤	1. 在一片群鸟栖息的茂密树林里，选一段林间小径。沿路设置一些障碍，如一些树枝或者一段干涸的河床（河岸不能太陡），游戏将更加有趣。 2. 要求所有队员都蒙上眼罩，并一直蒙着眼睛，直到游戏结束为止。 3. 队员蒙好眼罩后，培训师介绍模拟情景。 （1）所有成员属于古城探险队的一分子，古城位于一个与世隔绝的森林里。 （2）调查研究后，你们找到了一位能带大家到达迷城遗址的向导。通过翻译费尽周折的解释，那位向导才相信你们的探险是多么重要，并且同意带你们去古城。

（续表）

游戏 步骤	（3）传说，古城的地面上到处散落着金币和珍贵的宝石，传说如果任何宝物被带出城外，灾难将降临到全城人民的身上。因此，只有大家都答应蒙上眼罩，以后不会再找这条路，向导才同意带路。 （4）向导不信任你们的翻译，他不能和大家一起去古城。你们和向导的语言不通，因此不能和他作口头交流。但是，可以发出其他声音或者声响来表达意愿。 4. 解答队员提出的问题。 5. 解答完所有疑问后，示意其中一个队员摘掉眼罩，跟你走开，不让其他人听到你们说话。告诉这个人他将充当向导，负责带领整个团队安全到达目的地（告诉他终点在哪里）。 6. 队员之间不允许说话，但是可以用吹口哨、拍手或者其他方式同队友进行交流，并且每次交流时只能用手碰一名队员。 7. 把他带回队伍中，告诉队员们向导来了，准备出发。行进中有可能发生很多事情，因此大家要做好充分准备。 8. 行程结束后，准备好咖啡或者午餐，给大家接风。如果你的帮手较多，让他们提前出发去准备，如果能野炊，将妙不可言。休息之后，让队员们原路返回，让他们看看走过的路，确认一下沿途的声音都是从何处而来。
游戏 要求	1. 安全。游戏过程中至少安排两位监护员，并且他们要始终保持警惕，防止队员发生不测。因为行进过程中，队员们绝对信任向导，即使他把队伍带到悬崖边，队员们也会径直走过去的。 2. 培训师作为监护员，要始终和队员在一起。如果有人遇到困难，要确保随时都能找到培训师。
问题 讨论	1. 蒙着眼罩走路时，有什么感受？ 2. 游戏过程中都听到了什么声音？ 3. 能否充分信任那位向导，为什么？ 4. 整个队伍蒙着眼罩前进时，那些排在队尾的人有何感受？ 5. 在整个行进过程中，你们之间的信任水平是提高了还是下降了？

（续表）

培训 技巧	1. 最好在一个"与世隔绝"的树林里进行。这样，队员们不仅能回归自然，还能享受天籁之声。 2. 让你的助手主动给队员们准备一顿美餐或者让他们做监护员。 3. 游戏做完，让队员们原路返回，让他们看看走过的路，确认一下沿路的声音都是从何处而来。 4. 要求向导在游戏过程中不能碰任何人，并且要在开场白中解释一下，这是出于健康原因的考虑。总之，要发挥你的想象力。

* 管理者只有信任人，才能尊重人、关心人、培养人，才能有利于团队和谐与创新。
* 团队成员之间的不信任是一种风险，它不仅影响团队内部的人际关系，还会让团队成员因感到恐惧和害怕而不敢行动，导致团队效率低下。

四、蒙眼通过地雷阵

? 管理者如何提升团队成员间的信任感

? 如何充分信任他人以及被他人信任

蒙眼通过地雷阵

人数	两人一组，若干组	时间	5~10分钟一次
场地	宽阔的场地，室内室外均可	用具	无
游戏步骤	1. 用绳子在一块空地上圈出一定范围，撒满各式各样的玩具（如毛绒玩具、气球等，但不能是坚硬的物品） 2. 学院两人一组，一人指挥，另一人蒙住眼睛，听同伴的指挥通过地雷阵。过程中只要踩到任何东西就重新开始，看哪一队先通过地雷阵。 3. 指挥者只能站在线外，不能进入地雷阵中，也不能用手扶伙伴。		
问题讨论	1. 通过地雷阵时有什么感觉？ 2. 如果还有一次机会，怎样做得更好？		
培训技巧	注意安全，避免蒙眼的人撞在一起，指挥的人要提醒其到合适的位置。		

🗣 在沟通时要注意理解和信任团队成员。

🗣 怎样的信任可以推动团队更快达成目标。

PART

7

第七章

提高团队沟通能力

在团队中，团队沟通能力是指团队成员与其他成员进行积极沟通以协调相互间行动的能力。请通过下列问题对自己的该项能力进行差距测评。

1. 你一般如何得知他人的真实想法？
   A. 与其直接沟通　　　　　　B. 根据他的行为做出判断
   C. 我总是能猜得很准
2. 你如何看待沟通在团队中的作用？
   A. 沟通能够达成目标　　　　B. 沟通能够协调行动
   C. 沟通能够达成共识
3. 你如何向团队成员下达行动指令？
   A. 双向沟通，确定目标　　　B. 根据成员能力进行分配
   C. 直接规定其定期完成
4. 你如何避免团队沟通过程中的信息失真？
   A. 对信息进行反馈和确认　　B. 通过书面方式进行沟通
   C. 清晰表达自己
5. 作为管理者，你一般与团队成员进行何种形式的沟通？
   A. 以非正式沟通为主　　　　B. 非正式沟通与正式沟通各占一半
   C. 以正式沟通为主
6. 你如何避免在语言表达时产生歧义？
   A. 对表达内容进行确认　　　B. 换种表达方法
   C. 对容易产生歧义的词语进行解释
7. 作为管理者，你如何对下属进行批评？
   A. 用含蓄的方式提醒　　　　B. 先表扬后批评
   C. 直接告知其错误，要求改正
8. 你如何看待你与他人沟通对第三人产生的影响？
   A. 有可能使第三人产生误解　B. 有比较微弱的影响
   C. 和第三人没有关系
9. 你如何理解团队协作过程中的沟通？
   A. 沟通促进协作　　　　　　B. 沟通是协作的方式之一
   C. 默契可以代替沟通
10. 作为管理者，你如何提高团队沟通效率？
    A. 建立沟通机制　　　　　　B. 及时沟通
    C. 定期沟通

选 A 得 3 分，选 B 得 2 分，选 C 得 1 分
24 分以上，说明你的团队沟通能力很强，请继续保持和提升。
15~24 分，说明你的团队沟通能力一般，请努力提升。
15 分以下，说明你的团队沟通能力很差，亟需提升。

第一节 团队沟通能力培养与训练提高

一、短了一截的裤子

在竞争激烈的商业环境中，组织一般都以团队形式解决复杂问题。当问题难度较大时，就要求团队成员实现彼此间的信息共享，进行各个方向的自由沟通。

据说有一年，幽默大师马克·吐温要去美国一所大学演讲。在演讲的前一天晚上，马克·吐温发现新做的西裤右裤腿短了一小截。因为时间太晚了，裁缝铺都关门了，没办法，第二天只能这样登台了。这一切，他的母亲、妻子、女儿都看在眼里。

等到了晚上，大师已经睡着了，但他的母亲却怎么也睡不着，因为她牵挂着那条短一截的裤子。左想，右想，怎么也不能让孩子穿短一截的裤子去上台演讲呀。于是，大师的母亲悄悄地起来，她又怕惊醒家人，摸着黑找到了那条裤子。剪了剪，缝了缝，然后带着满意的心情，回去睡觉了。

过了一会儿，大师的妻子也起来了。作为爱着大师的妻子，她怎么能让自己的丈夫穿着短一截的裤子去演讲呀！于是，大师的妻子也悄悄地起来了，她也怕惊醒了家人，摸着黑找到了那条裤子。剪了剪，缝了缝，然后带着满意的心情，回去睡觉了。

又过了一会儿，大师的女儿也起来了。原因不言而喻，作为爱着大师的女儿，她怎么能让自己崇拜的父亲穿着短一截的裤子去上台演讲呀。于是，大师的女儿也悄悄地起来，她同样怕惊醒了家人，摸着黑找到了那条裤子。剪了剪，缝了缝，然后带着满意的心情，回去睡觉了。

第二天早上，三个女人都早早地起了床，她们要看自己所爱的人，穿着精神的西裤去演讲。

可是等大师穿上了裤子，三个人全呆住了。因为她们看到，现在不是右裤腿短了一小截，而是裤子的左腿短了一大截。

大师也愣住了，当知道事情的原委后，随即爽朗地笑了起来。幽默大师就是幽默大师，他穿着这条裤子去了会场。

到了会场，他还没说话呢，全场就暴笑如雷。但大师很镇定地开始了当天的演讲，演讲的题目即兴地改为"爱与沟通"。

大师的家人之间因为彼此缺乏沟通，才闹出了不应有的笑话。同样，对一个团队来讲，沟通不畅是很多问题产生的根源。可以说，良好的沟通是团队通过协作来解决问题的前提，团队的管理者和成员应不断提高自身的沟通能力。

二、提高团队沟通能力

团队成员提高团队沟通能力可以从三个方面入手，并通过掌握团队沟通技巧来不断提高。

（一）提高团队沟通能力的三个方面

1. 倾听

在倾听的过程中能够获取更多的信息，给倾诉者留下一个谦虚的印象。认真倾听能够更准确地理解对方的意图。

2. 表达

在沟通的过程中，要对事不对人，坦诚表达自己的真实感受和立场，客观巧妙地使用语言，让倾听者更容易理解自己的意思。

3. 反馈

倾听、表达过后能否实现有效沟通的最后一个环节就是反馈。针对不同的情况和不同的人员，可以采取正面认知、修正性反馈、负面的反馈和没有反馈等方式。

（二）提高团队沟通能力的技巧

1. 增强团队领导对团队沟通的认识

领导者必须要认识到沟通的重要性，并把这种思想付诸行动。领导者必须真正地认识到与员工进行沟通对实现组织目标的重要性。如果领导者通过自己的言行倡导内部沟通，这种观念就会逐渐渗透到组织的各个环节中，从而形成一个人人善于沟通的团队氛围。

2. 克服团队成员间的沟通障碍

团队成员要克服沟通的障碍必须注意以下心理因素的作用。

（1）在沟通过程中要认真感知，集中注意力，以便信息实现准确而又及时地传递和接受，避免信息错传。

（2）增强记忆的准确性是消除沟通障碍的有效心理措施，记忆准确性高的人，传递信息可靠，接受信息也准确。

（3）提高思维能力和水平是提高沟通效果的重要心理因素，较高的思维能力和水平对于正确地传递、接受和理解信息起着重要的作用。

（4）培养镇定情绪和良好的心理气氛，创造一个相互信任、利于沟通的小环境，有助于人们真实地传递信息和正确地判断信息，避免因思想偏激而影响理解。

3. 正确使用语言文字

语言文字运用得是否恰当直接影响沟通的效果。使用语言文字时要简洁、明确，叙事说理要言之有据、条理清楚、富于逻辑性、措辞得当、通俗易懂。不要滥用词藻，不要讲空话、套话。

非专业性沟通时，少用专业性术语。可以借助手势语言和表情动作，以增强沟通的生动性和形象性，使对方容易接受。

4. 学会倾听

领导善于倾听有利于解决团队中的问题。团队成员如果要减少沟通中的障碍，可以从以下几方面去努力。

（1）使用目光接触。

（2）使用赞许性的点头和恰当的面部表情。

（3）避免使用分心的举动或手势。

（4）要提出意见，以显示自己不仅在充分聆听而且在思考。

（5）复述，用自己的话重复对方所说的内容。

（6）要有耐心，不要随意插话。

（7）不要妄加批评和争论。

（8）使听者与说者的角色实现顺利转换。

5. 建立有效的团队沟通机制

（1）缩短信息传递链，保证信息的及时传递。这样可以在很大程度上避免传递信息的失真现象。

（2）增加沟通渠道，应由团队管理者、团队成员自下而上地沟通。

例如，领导者要经常走出办公室与团队成员进行面对面的沟通。坦诚、开放、面对面的沟通会使员工觉得领导者理解自己的需要，使沟通取得事半功倍的效果。

第二节　提高团队沟通能力的两个寓言

一、妄加猜测不表达

目标

❓ 团队成员应如何获得他人的真实想法

❓ 团队成员如何通过沟通提高行动效率

寓言　**妄加猜测不表达**

乌鸦兄弟俩同住在一个窠里。

有一天，窠破了一个洞。

大乌鸦想："老二会去修的。"

小乌鸦想："老大会去修的。"

结果谁也没有去修。后来洞越来越大了。

大乌鸦想："这一下老二一定会去修了，难道窠这样破了，它还能住吗?"

小乌鸦想："这一下老大一定会去修了，难道窠这样破了，它还能住吗?"

结果又是谁也没有去修。

一直到了寒冷的冬天，西北风呼呼地刮着，大雪纷纷地飘落。乌鸦兄弟俩都蜷缩在破窠里，哆嗦地叫着："冷啊! 冷啊!"

大乌鸦想："这样冷的天气，老二一定耐不住，它会去修了。"

小乌鸦想："这样冷的天气，老大还耐得住吗? 它一定会去修了。"

可是谁也没有动手，只是把身子蜷缩得更紧些。

风越刮越凶，雪越下越大。

结果，窠被风吹到地上，两只乌鸦都冻僵了。

二、语言相通上帝怕

❓ 管理者如何认识沟通对于团队绩效的影响

❓ 管理者怎样使持不同意见的成员达成一致

语言相通上帝怕

人类的祖先最初讲的是同一种语言。他们在底格里斯河和幼发拉底河之间发现了一块异常肥沃的土地，于是就在那里定居下来，修起城池，建造起了繁华的巴比伦城。

后来，他们的日子越过越好，人们为自己的成绩感到骄傲，他们决定在巴比伦修一座通天的高塔，来传颂自己的赫赫威名，并作为集合全天下弟兄的标记，以免分散。

因为大家语言相通、同心协力，通天塔修建得非常顺利，很快就高耸入云。上帝得知此事，立即下凡视察。

上帝一看，又惊又怒，因为他是不允许凡人达到自己的高度的。他看到人们这样统一强大，心想，人们讲同样的语言，就能建起这样的巨塔，日后还有什么办不成的事情呢？于是，上帝决定让人世间的语言发生混乱，使人们互相之间言语不通。

人们各自操起不同的语言，感情无法交流，思想很难统一，就难免互相猜疑、各执己见、争吵斗殴。

修造工程因语言纷争而停止，通天塔半途而废了。

> ✎ 团队缺乏默契，就不能提高绩效，而团队没有沟通，则不能进行分工合作。管理者要善于为团队成员提供沟通的机会，创造沟通途径，鼓励团队成员之间进行充分沟通。
>
> ✎ 管理者只有通过沟通的方式让持不同意见的人达成一致，共同决策，激发全员力量，才能使他们心甘情愿地倾力打造团队的"通天塔"。

第三节　提高团队沟通能力的 7 个故事

一、执行首先要沟通

? 团队成员在执行中遇到疑问时应该怎么办

? 管理者如何避免团队成员对自己产生误解

执行首先要沟通

　　有三个人搭乘一艘渔船渡江做生意。船至江心，忽遇暴风雨，摇摆不停。危急时刻，船家立刻出来指挥船上的人自救，他以不容反驳的口气命令一位年轻的小伙子骑在船中的横木上，以保持平衡，又指挥其他两个人摇橹。可是水势过于险恶，而且船上装的大多是布匹和农产品，很容易吸水增加重量，为了保证船身不下沉，必须把船上多余的东西扔掉。船家想都没想就把小伙子的两袋玉米扔入江中，同时也把正在摇

（续）

櫓的两个人带来的布匹和农产品扔了下去，但当两人发现船家唯独留下了自己带来的一个沉重的箱子时，他们很生气，于是问都不问，就合伙将那个沉重的木箱扔进了水里。木箱一离船，船立刻像纸一样飘了起来，失去控制，撞到了石头上，所有的人都被甩到了急流中。

那两名摇櫓的人万万没想到，被他俩扔入水中的木箱里面装的是用来稳住船的沙石。只要没有了稳定船的木箱，船就会翻。

🖋 团队成员在执行工作的过程中难免会产生问题或疑惑，此时就需要与管理者及时进行沟通，团队成员不可凭自己的主观判断擅自行动，以免给团队造成不利后果。

🖋 管理者要积极与团队成员进行沟通，以免因自己对他们的行为产生误解而给团队带来不必要的麻烦。

二、营长传令看彗星

❓ 管理者如何看待单向沟通与双向沟通

❓ 团队成员如何保证信息传递真实有效

营长传令看彗星

1910 年，美军部队在一次传递命令时的情况是这样的。

营长对值班军官说："明晚大约 8 点钟左右，哈雷彗星将可能在这一地区出现，这种彗星每隔 76 年才能看见一次。命令所有士兵着野战服在操场上集合，我将向他

（续）

们解释这一罕见的现象。如果下雨的话，就在礼堂里集合，我将为他们放映一部有关彗星的影片。"

值班军官对连长说："根据营长命令，明晚8点哈雷彗星将在操场上空出现。如果下雨的话，就让士兵们穿着野战服前往礼堂，这个76年才能有一次的罕见现象将在那里出现。"

连长对排长说："根据营长的命令，明晚8点，非凡的哈雷彗星将身穿野战服在礼堂中出现。如果操场上下雨的话，营长将下达另一个命令，这种命令每隔76年才会出现一次。"

排长对班长说："明晚8点，营长将带着哈雷彗星在礼堂中出现，这是每隔76年才会有的事。如果下雨的话，营长将命哈雷彗星穿上野战服到操场上去。"

班长对士兵说："在明晚8点下雨的时候，著名的76岁的哈雷将军将在营长的陪同下身穿野战服开着那辆'彗星'牌汽车经过操场前往礼堂。"

✔ 信息在团队中通过单向沟通方式传递，每个环节在收到信息以后都可能会对信息进行某种程度的加工，这样信息在传递中便会逐渐失真。管理者要充分认识到单向沟通的这种缺陷。

✔ 团队成员应少用单向沟通，尽量多用双向沟通，即接收到信息以后要进行确认，同时可以利用其他方式加以辅助，以保证信息传递的真实有效。

三、沟通方式学通用

? 管理者应该如何与团队成员进行非正式沟通

? 管理者如何通过沟通加强与团队成员的联系

沟通方式学通用

　　美国 GE 公司执行总裁杰克·韦尔奇被誉为"20 世纪最伟大的企业管理者之一"。在他上任之初，GE 公司内部等级制度森严、结构臃肿，韦尔奇进行了大刀阔斧的改革，在公司内部引入了非正式沟通的管理理念。他经常亲自给员工留便条或打电话，通知员工有关事宜。他认为，沟通是随心所欲的，他努力使公司的所有员工都保持着一种近乎家庭式的亲友关系。

　　一位 GE 公司的经理这样描述韦尔奇："他会追着你满屋子团团转，不断地和你争论，反对你的想法。你必须要不断地反击，直到说服他同意你的思路为止，而这时，你可以确信这件事你一定能成功。"

　✔ 管理者与团队成员一般会存在一定的沟通障碍，如下属对领导的惧怕。非正式沟通正是排除沟通障碍的有效沟通方式。
　✔ 管理者需要为团队导入有效的沟通机制，有方法、有层次地鼓励员工发表意见，汇集经验与知识，形成团队共识。

四、车锁厕所分不清

❓ 团队成员应如何避免语言出现歧义

❓ 管理成员如何提高自己的表达能力

车锁厕所分不清

小王的自行车锁坏了，于是去买了一把新锁，准备下楼在上课前换上。走到楼下才发现锁忘了带下来，无奈上课时间快到了，只好对着楼上的小李大喊："喂，小李，帮我把那个车锁拿下来！"

"什么？把……厕所拿下来？你自己不会上来吗？"

"唉呀，我来不及了！"

"那儿不是有个厕所吗？"小李朝那个方向指了指。

"我知道那儿是有个车锁，可那个车锁是坏的。"

"嘿，你条件还挺高的，你将就点儿吧。"

"不行啊，稍微不注意就被人偷了去。"

"你小心点呗，我不管了。"

小王无法，只好推车去上课。

下课回来后，小王不停地埋怨小李：

"你小子，帮个忙都不行吗？害得我上课时都坐立不安。"

"谁叫你条件那么高，随便找个地方一放不就得了吗？"

"那怎么行，被别人偷了怎么办？"

"这玩意儿还有人偷?!"小李惊讶不已。

"那当然了，上次有个家伙盯了我很久，我虽然小心翼翼，最后还是被他偷去了。"

"偷那玩意儿有什么用啊？"

"怎么没用呢，假如你下课太晚了，走路去食堂肯定买不到饭，有了它，你就不用饿肚子了呗！"

- 团队成员在沟通过程中应正确使用词语与语气，尽量避免语言出现歧义而让对方产生误解，降低沟通效率。
- 表达能力是决定沟通能力高低的重要方面。良好的表达能力能够提高沟通质量，团队成员应努力提高自己的表达能力，从而更有效率地进行沟通。

五、此时有声胜无声

？团队成员沟通时怎样选择合适的沟通方式

？团队成员沟通时如何避免使外人产生误会

此时有声胜无声

　　有个医学院的主任带着学生到附属医院上临床实习课程。

　　一群穿着白袍的实习学生来到一个病房前。

　　主任说："等一下进去，大家看一看这个患者的症状，并且仔细想想看他是什么病。知道的就点头，不知道的就摇头；不要多说废话，免得惊吓病人，了解了吗？"

　　众实习学生连忙点头，生怕留给主任不良印象，而影响学期成绩。

　　病房中的病人本身只有轻微的肺积水，他躺在床上，看到一大群穿着白袍的"医生"走了进来，心中不免有几分紧张。

　　实习医生甲走进病房后，看了病人一会儿，咬着笔杆想了想……无奈地摇了摇头。

　　换实习医生乙走进病房，把病人看来看去，用乞怜的眼光看着主任，想到自己可能要面临重修的悲惨命运，眼角含着泪水，也是无可奈何地摇了摇头。

　　接下来，轮到实习医生丙，他看了看病人，只是叹了一口气，一副垂头丧气的样子，摇摇头就走了出去。

　　当实习医生丁开始看病人时，只见病人冲下床来，满脸泪水地说：

　　"医生啊，请你救救我吧……我还不想死呀……呜……呜……呜……"

- ✎ 沟通方式都有其特定的使用场合，在不同的场合进行沟通要用不同的沟通方式。团队成员用错沟通方式将给团队带来不利的影响。
- ✎ 团队成员进行沟通时，要考虑对团队外部其他人的影响，否则将会给团队带来不必要的麻烦。

六、舱门开了都吃惊

？ 团队成员应如何通过沟通减少误会的发生

？ 管理者如何通过沟通减少自己的错误决策

舱门开了都吃惊

　　在一个孤岛上有一个部落，人们称它为天体国。天体国的人与外界交流甚少，所以比较落后。部落首领意识到了这一点，决定也搞一下开放，他听说有一个演讲大师能给人很多咨询，并教人如何成功。于是，首领决定请大师来岛上做演讲。大师想：他们不远万里请我去演讲，可见他们对我的信任。于是，他很高兴地接受了邀请。

　　为了更容易和当地人交往，大师对小岛做了一些了解，知道当地人有一个风俗，就是不论男女老少都不穿衣服。大师想：入乡随俗，去天体国，就应符合他们的习俗。因此，当大师的专机很快就要降落到天体国的时候，他急速地脱去了所有的衣服。当舱门打开的时候，天体国的人都吓了一跳，只见所有的人都赤裸全身地站在飞机上；而飞机上的人同时也是一惊，天体国首领了解到岛外的人都穿衣服，所以为了表示尊重，他们刚刚进了一大批衣服。

- ✔ 本该圆满完成的事情会因为缺少沟通而变得一团糟；缺乏沟通的互相关心很可能会产生误会。因此，团队成员应加强沟通，减少一些不必要的麻烦。
- ✔ 管理者应认识到沟通对于正确决策的重要性，否则很可能会好心办坏事，吃力不讨好。

七、巧劝两国不打仗

❓ 管理者如何听取合理的建议

❓ 团队成员如何与领导进行有效沟通

巧劝两国不打仗

　　齐国有个大臣很善于言谈，且机智勇敢。

　　他听说齐宣王要攻打魏国，便急速入宫进谏齐宣王："臣听说了一个故事，不知大王是否有兴趣听臣道来。"齐王命其讲。

　　他说："一只猎犬和一只兔子，突然有一天打了起来，兔子在前面跑，猎犬在后面追，它们绕着小路一连追了五圈，越过山头又跑了五圈，直到最后都跑得精疲力竭，动弹不得，这时，走过来一位农夫，不费什么力气，就捡到了一只兔子和一只猎犬。"

　　他顿一顿，又说："现在齐国攻打魏国，以魏国的兵力，这场战争一定会拖上一段时间，两国都会疲惫不堪，最终兵荒马乱，秦国就会像农夫一样轻易攻取两国。"

　　齐王听到以后便没有发兵攻打魏国。

- 比喻说明也是很好的沟通方式，有助于调节团队气氛。
- 管理者应接受良好的建议，有助于团队稳步前进。

第四节　提高团队沟通能力的3个游戏

一、穿越障碍靠沟通

? 让团队成员了解语言沟通方式与技巧

? 让团队成员知道如何有效地进行沟通

穿越障碍靠沟通

人数	若干人	时间	30~40分钟
场地	空地	用具	桌子一张、硬塑料杯三个、白纸几张、每组硬纸板一块、每人眼罩一只
游戏步骤			1. 在空地上划出一块游戏区。在游戏区内用白纸设置障碍，作为"地雷"。同时在游戏区中间放置一张桌子，桌子中央放三个杯子，形成一个杯塔。底部的杯子正放，第二个杯子倒放，第三个杯子盛水放在第二个杯子上。 2. 把团队成员分为两个10人的小组。每组设置一位"指挥员"，在"雷区"另一边指导同组其他组员跨越"雷区"。 3. 每个小组除"指挥员"外的其他组员都必须蒙上眼睛，每次只能由一位组员通过"雷区"。

（续表）

游戏步骤	4. 每个小组最后一名组员都通过"雷区"后，要将小组的硬纸板放在杯塔上，如果杯塔不倒则视为完成任务。 5. 踏中"地雷"的组员则被视为"死亡"，应退出游戏，并只能在旁边观看。 6. 通过"雷区"的组员可以摘下眼罩，参与指导其他组员。 7. 在规定的时间内，小组成员通过"雷区"后"生还"者最多的即为获胜小组。
问题讨论	1. 在游戏过程中，幸运组员是如何和蒙眼组员进行信息交流的？ 2. 蒙眼组员在游戏中的感受如何？ 3. 用什么办法来进行更有效的沟通？ 4. 为什么在沟通时过多人七嘴八舌出主意反而会导致办事效率低下，而且容易造成混乱？

❧ 同时接收几个指令会让执行者感到无所适从，造成局面的混乱。管理者只有保持指令的清楚明确才能提高执行者的行动效率。

❧ 在团队沟通中，语言沟通是最方便、最直接、最重要的沟通方式，沟通的效果取决于表达者和倾听者之间的理解程度。

二、有了经验要分享

❓ 让游戏参与者明白经常与他人沟通是非常必要的

❓ 让游戏参与者理解如何与其他团队成员分享经验

有了经验要分享

人数	不限	时间	10分钟
场地	室内	用具	游戏用纸币若干

游戏步骤	1. 团队负责人向一个团队成员借10元钱，将借来的钱向大家展示一下，然后向另外一个团队成员借10元钱，把这10元钱还给最初的借钱者。之后问大家："这两个人中是不是有人比以往有了更多的钱？" 2. 向整个团队指出，就上面的情况而言，如果有两个人的主意被分享，那么这两个人在经验上都将比以前更加丰富。除此之外，其他人（旁观者）也能丰富自己的经验。 3. 给每个成员一张或几张游戏纸币（背面是空白的），让他们相互交换以体验财富的无法增加。然后让每个人在游戏纸币上至少写一个建议，并将纸币交给另一个人。请大家体验这两次交换有什么不同。

问题讨论	1. 是什么因素阻碍我们和其他团队成员分享那些有用的主意与看法？ 2. 是什么因素鼓励我们与其他成员经常交换看法与意见？ 3. 我们应该帮助别人的根本原因是什么？是基于互惠原则，可以相互依赖，还是希望彼此受益？

🐾 把自己的主意与他人分享就会变成更多的主意，把自己的经验与团队共享就会得到更多的经验。

🐾 没有沟通就没有管理，沟通能增进理解、改善关系、加强互信、提高协作效率，沟通是团队成员合作达成目标的必备能力。

三、巧扮松鼠和大树

? 成员怎样找到适合自己的团队

? 管理者如何迅速组建高效团队

巧扮松鼠和大树

人数	10 人以上	时间	5～10 分钟一次
场地	宽阔的场地，室内室外均可	用具	无
游戏步骤	1. 事先分组，三人一组，两人扮大树，面对对方，伸出双手搭成一个圆圈；并站在圆圈中间，培训师或其他没成对的学员担任临时人员。 2. 临时人员喊："松鼠"，大树不动，扮演"松鼠"的人就必须离开原来的大树，培训室或临时人员就临时扮演松鼠并加入大树当中，落单的人表演节目以示惩罚。 3. 临时人员喊："大树"，则松鼠不动，扮演"大树"的人必须离开原来的同伴重新组合成一对大树，并圈住松鼠，临时人员扮演大树，落单的人表演节目作为惩罚。 4. 培训师喊"地震"，扮演大树和松鼠的人全部解散并重新组合，临时人员加入其中，没有成对的人表演节目作为惩罚。		
问题讨论	在混乱中怎样迅速沟通，找到合作伙伴，组建团队。		
培训技巧	注意安全，避免人员拥挤；事前可演练，使参与者之间产生初步沟通。		

🗣 不仅是语言沟通，默契对团队也很重要。

🗣 领导者调动人员组建自己的团队前需迅速沟通。

PART

8

第八章

提高团队领导能力

团队领导能力自测

在团队中，团队领导能力是指管理者指挥、引导以及鼓励团队成员积极达成团队目标的能力。请通过下列问题对自己的该项能力进行差距测评。

1. 你如何认识管理与领导之间的关系？
   A. 领导是较高层次的管理　　　　　　B. 管理包含着领导
   C. 领导就是管理

2. 作为团队管理者，你如何看待自己的影响力？
   A. 我是团队的标杆　　　　　　　　　B. 只在工作上对他们产生影响
   C. 我对他们的影响有限

3. 作为团队管理者，你如何对团队成员进行指导？
   A. 以身作则，率先垂范　　　　　　　B. 现场指导，适当帮助
   C. 告知方法，监督执行

4. 作为团队管理者，你如何赢得团队成员的信任？
   A. 言必信，行必果　　　　　　　　　B. 加强沟通，让其了解自己
   C. 不乱承诺，谨言慎行

5. 作为团队管理者，你如何做到公平对待每个团队成员？
   A. 认识到每个成员的价值　　　　　　B. 不徇私情
   C. 听取各方意见，做出公正判断

6. 作为团队管理者，你如何减少与团队的沟通障碍？
   A. 建立多渠道的沟通机制　　　　　　B. 与成员进行直接沟通
   C. 鼓励成员发表意见

7. 作为团队管理者，你如何看待被授权者的失误？
   A. 我承担主要责任　　　　　　　　　B. 我承担部分责任
   C. 我承担次要责任

8. 作为团队管理者，你如何用人？
   A. 品德优先，注重能力　　　　　　　B. 能力优先，参考品德
   C. 资历优先

9. 作为团队管理者，你如何帮助团队成员提高水平？
   A. 以身作则，建立学习型团队　　　　B. 对他们进行培训
   C. 对他们的工作进行指导

10. 作为团队的管理者，你如何才能与团队成员打成一片？
    A. 成为团队的绩效伙伴　　　　　　　B. 积极承担主要责任
    C. 不断沟通，加强了解

选 A 得 3 分，选 B 得 2 分，选 C 得 1 分
24 分以上，说明你的团队领导能力很强，请继续保持和提升。
15 ~ 24 分，说明你的团队领导能力一般，请努力提升。
15 分以下，说明你的团队领导能力很差，亟需提升。

第一节　团队领导能力培养与训练提高

一、谁的领导能力强

团队领导能力不是简单地等于团队赋予管理者的职位和权利，还包括管理者个人所具有的影响力。

在美丽的草原上，生活着马、牛、羊、驴、兔子、狗等几个家族。它们互相帮助、互相爱护，相处得很温馨、和谐！

有一天，不知从什么地方搬来了老狼一家，草原的气氛开始紧张起来。老狼一家在草原上横冲直撞，不断袭击草原上善良的居民们，使它们的生命财产安全受到了严重威胁。

为了赶走老狼家族，恢复草原昔日的和谐与温馨，草原上的居民们决定推举一位首领，领导大家共同对付老狼家族。

首领推举大会如期举行，大家经过认真推选，候选人出来了，他们就是老牛憨憨、小马飞飞、小驴灰灰以及小狗旺旺。

接着，大家就围绕四位候选人展开了评议，评议结果是这样的：老牛憨憨虽勤劳忠厚、身体强健，但缺乏做领导的气质；小马飞飞虽英俊健美、气质非凡，但缺乏领导应有的沉稳；小狗旺旺虽聪明勇敢，热心公益事业，但是身材矮小，毫无领导风度。

最后，首领的人选被锁定在小驴灰灰身上了。大家一致认为，小驴灰灰不仅外表庄重、体态适中、气度威严，而且讲话声音洪亮、震慑力强，非常符合作为领导的条件，是首领的最佳人选。于是，全票通过，小驴灰灰顺利当选为草原动物首领。

当晚，草原上举行了盛大的篝火晚会，以庆祝草原首领的产生。小驴灰灰在晚会上作了充满激情的演讲，讲述了自己从一个不懂事的小驴成长为草原动物首领的历程。它的演讲很有煽动性，博得了大家的阵阵掌声。

但谁也不会想到，老狼一家已经躲在不远的小土丘后面窥视着晚会会场，静静地等待着动手的机会。当主持人小羊咩咩宣布晚会结束的时候，狼群突然冲向了会场，草原动物们被杀了个措手不及，会场乱作一团。

（续）

新首领小驴灰灰大喊几声，见毫无效果，就慌忙逃走了。危急时刻，小狗旺旺带领自己家族的成员冲向了狼群。它一边指挥家族成员与狼群作战，一边告诉大家不要慌乱。它让老牛家族组成牛墙保护小羊家族及小兔家族；让小马家族派人去请求外援；其余的成员和它及小狗家族成员与老狼家族战斗。

在小狗旺旺的组织下，大家不再慌乱，共同投入到了对老狼家族的战斗中。最后，战斗以老狼家族的落荒而逃宣告结束。

第二天，小狗旺旺又组织大家对昨晚的战斗作了认真的分析与总结。小驴灰灰作了深刻的检讨，并主动辞去了首领职务。大家一致推荐小狗旺旺成为新首领。

小狗旺旺也没有作什么就职演说，只是给大家分了工：小驴家族负责警戒，发现情况及时给大家传递信息；老牛家族负责保护弱小群体；小马家族成员负责后勤保障工作；小狗家族组成突击队，接到警报随时组织战斗。

此后，老狼家族又发动了对草原动物的攻击，但在小狗旺旺的指挥下被打得大败。老狼看到无法在草原上讨到便宜，就带着它的家族搬走了。

从此，草原变得更加和谐、美好了。

小驴灰灰仪表不凡，赢得了选举的胜利，然而，面对突然到来的危机，却仓皇逃脱。小狗旺旺则沉着冷静，在危机中表现出了强大的领导能力，最终带领大家击败狼群。

团队领导能力不等于仪表堂堂和夸夸其谈，而是要求管理者在带领、引导和鼓舞团队成员为实现团队目标而努力的过程中，能够有效指挥、充分协调和善于激励。

二、提升团队领导力

团队领导是作用于团队成员的一种活动，它是使团队成员以高度的热心和信心来达成目标的一种艺术。在团队目标确定后，团队管理者的领导能力能够在执行、协作、沟通的过程中对团队成员进行引导和影响。

提高领导能力需要管理者认清自己的领导角色和职责。提高团队领导能力可以从以下三个方面进行。

（一）做好远景规划

制定团队的长远目标和规划是团队管理者的主要任务。为实现团队的设想和规划，团队领导要在充分认识到各种主要内外因素的基础上，做出相应的战略安排。

因此，作为团队领导，要成为团队变革的领路人，就需要关注宏观和未来，为团队成员描绘清晰的愿景。

（二）打造有效团队

团队管理者不仅应该关注宏观和未来，还要注重微观和现在，打造并凝聚一支能够担负实现愿景规划的高效团队是管理者的现实任务。团队管理者在团队建立之初就需要考虑团队成员的构成，团队成员是否认同团队价值观等，并能够为团队成员做出清晰的定位。

（三）建立内部机制

团队领导强调对团队成员的激励、授权、控制和教练。为确保完成团队目标，团队管理者要建立有效的团队机制和内部沟通渠道，运用有效的激励方式对团队成员进行充分授权。在团队执行的过程中还需要必要的控制，并对团队成员进行必要的指导。

第二节 提高团队领导能力的 5 个寓言

一、有效管理看头雁

? 管理者如何才能使团队不偏离总体目标

? 管理者如何才能把精力放在重要事情上

有效管理看头雁

一群大雁向南飞，没有一只雁掉队。忽然一只雁的一根羽毛掉了，另一只雁就对领头的雁报告说："不知是哪只雁把自己的羽毛弄掉了？"头雁说："不管，只管飞你的。"有一只雁无意中眨了一下眼，又被那一只雁发现了，它赶紧对领头的雁说："有

（续）

只雁眯了一下眼。"头雁说："不管它，只管飞你的。"突然，中间的一只雁飞偏了一点，头雁立即发话："保持队形。"

　　天空中，这群雁构成了一个又大又齐的"人"字。

启思

　　✎ 管理者时刻要把团队的总体目标放在第一位，不能因为局部影响全局。

　　✎ 管理者只有把有限的精力放在重要的事情上，才能抓住问题的关键，把握团队前进的方向。

二、抗寒排成一条线

目标

　　❓ 管理者如何对团队成员进行教导

　　❓ 面对危机，管理者应该如何面对

寓言　　**抗寒排成一条线**

　　沙漠戈壁的日夜温差非常大。中午，野狗们还被晒得伸着舌头直喘气，入夜，狂风骤起，温度一下子降到零下十几度，野狗们冻得直打哆嗦。照这样下去，不用等到天亮，大家非冻死不可。

　　一只年纪较大的野狗顶着寒风站起来，号召大家向一个地方集中。

　　在这只老狗的指挥下，野狗们一个紧跟着一个排成纵队，把头埋在两爪之间，让身子尽量紧贴在地面上。那只年纪较大的狗则迎着刺骨的寒风爬在队伍的最前面，用

（续）

自己的身体掩护着后面的伙伴。狂风卷着沙粒不停地打在它的脸上、头上、身上，像鞭子抽一样疼痛难忍，但它一直坚持着。它知道，身后的同伴们都靠它挡风御寒。它多坚持一分钟，伙伴们就多一分安全。

半个小时过去了，它几乎快被冻僵了。这时，一只健壮的狗从队伍的末尾爬到队伍的最前面，把头夹在两爪之间，顶着狂风趴下来。它接替年纪较大的狗，为伙伴们遮挡着刺骨的寒风。

半个小时又过去了，又有一只狗爬到队伍的最前面，把头夹在两腿之间趴下来，替换下爬在最前面的那一只狗。

肆虐的狂风呼号了一整夜，野狗们为伙伴挡风御寒的交替也持续了一整夜。它们一只接一只地爬到队伍的最前头，任凭沙粒不断地抽打，没有一个往后退的。

太阳升起来了，又一个温暖的白昼降临大地。野狗们抖抖身上的风沙跳了起来。沙漠狂风夜，野狗无一伤亡。

具有牺牲精神的老野狗的所作所为，赢得了野狗们的拥护与爱戴。它们齐心协力渡过了难关，迎来了温暖的白昼。

✎ 管理者只有适时地给团队成员以协助和教导，同时能够以身作则，才能赢得团队成员的支持与尊重。

✎ 当团队面临危机时，管理者要能够勇敢地站出来承担责任，顶住压力，只有这样才能够激发团队成员的斗志和潜力，从而战胜危机，转危为安。

三、求情只因怕后患

❓ 管理者如何对待危害团队利益的成员

❓ 管理者如何公平地对待每个团队成员

寓言　　求情只因怕后患

一天，"百鸟之王"凤凰要出远门，就将森林交给副手老鹰掌管。

老鹰接管政务没几天，干了许多坏事。它啄掉灰鸽一双慧眼，拔掉小孔雀身上的羽毛，吞吃了许多斑鸠蛋，不许黄莺在树上唱歌……

不久，凤凰回来了，发现老鹰残害生灵，于是将它关进囚笼，准备实行公审。

"启奏大王！"老孔雀第一个求情，"老鹰是初犯，恳求大王宽恕它吧！"

"启奏大王！"双目失明的灰鸽说，"恳求大王慈悲为怀免老鹰的罪。"

斑鸠、黄莺、杜鹃、画眉、百灵鸟接踵而至，它们都是替老鹰说情的。

可凤凰铁面无私，坚决照章办事，将老鹰斩首示众。消息传开，百鸟无不拍手称快。凤凰惊诧地问道："为什么你们前几天都来替老鹰求情呢？"

百鸟答道："大王，我们怕您徇私情，把它放了，如果我们不替它说情，只怕后患无穷！"

语录

✎ 管理者应及时清除团队中影响团队和谐、损害团队利益的成员，这样不仅能创造团队内部的和谐氛围，更有利于提高团队的整体效率。

✎ 管理者只有公平公正地对待每个团队成员，才能得到团队成员的支持与尊敬。

四、狮子依然没改变

目标

? 管理者如何赢得团队成员的信任

? 管理者应如何增强团队的凝聚力

狮子依然没改变

狮子大半辈子都以杀戮其他动物为生，声名狼藉。动物们都说它凶恶、残忍、嗜血成性，不是好东西。

听到这些议论，狮子思考再三，决定痛改前非，当众宣布：从此以后，放下屠刀，只吃素食，不再杀生。

但是，吃了几天素食以后，狮子便感到受不了了。肚子里没装肉食，老是"咕咕"地抱怨，好像在叫"没油水啦，没油水啦！"四条腿总感到没有劲儿，走路老是打飘，像踩在棉花絮上。更让它难受的是，每当看到小羊、小鹿等小动物从面前跑过时，心里就像有千万只蚂蚁在爬，奇痒难耐。但是，自己是发了誓的，发了誓的事自己怎么好反悔呢？

正在狮子进退两难的时候，狐狸送来了一只又肥又嫩的羊。

狮子假装不高兴地说："你怎么送这样的东西来呢？难道你不知道我已经宣布不杀生了吗？"

狐狸说："哪里哪里，对大王的决心，我们大伙都打心眼里佩服，佩服得五体投地。这只羊是自己不小心撞到树上撞死的。接受一只已经没有生命了的羊和杀生完全是两码事儿。"

狮子用手背抹了一下嘴角的涎水说："既然如此，你就把它留下吧。扔掉了也是一种浪费。要知道，浪费是一种犯罪行为呀！"

狮子美美地吃了一餐羊肉。

第二天，狐狸送来一只鹿。

狮子语气十分严肃地问："这只鹿不会也是撞在树上撞死的吧！是不是你杀死了它？"

"大王，小民可不敢做这种伤天害理的事！"狐狸连忙分辩说，"这只鹿是在奔跑的时候，粗心大意跌到崖下摔死的！"

狮子沉吟了一会儿，挥挥手说："你走吧，把它留下来，让我把它处理掉。否则，尸体腐烂变质，污染环境，造成疾病流行，那可不得了！"

鹿肉被"处理"进了肚子，狮子惬意地打了一个饱嗝。

第三天，狐狸送来一条大鱼。这回，它声称是山羊咬死的。周围的动物们听了，都窃窃私语，捂着嘴巴偷偷地笑。

狮子听了大怒："胡言乱语！山羊怎么能咬死鱼？"

狐狸知道自己说漏了嘴，正寻思挽救的办法，狮子把它拉到一旁，小声地责备它说："笨蛋！真是个大笨蛋！你不会说是鱼鹰咬死的？"

- 管理者要一诺千金，不能把信任建立在地位所带来的权威之上，而是要靠自身履行承诺所产生的感染力来影响团队成员。
- 团队需要有感染力和凝聚力的管理者，他们知道如何靠言传身教和身体力行来不断增强自己的感染力和团队的凝聚力。

五、老虎也有软弱面

? 管理者应该如何与下属进行沟通

? 管理者如何才能获得下属的信任

老虎也有软弱面

作为森林王国的统治者，老虎几乎饱尝了管理工作中所能遇到的全部艰辛和痛苦。它终于承认，原来自己也有软弱的一面。老虎多么渴望可以像其他动物一样，享受与朋友相处的快乐时光，能在犯错误时得到哥们儿的提醒和忠告。老虎问猴子："你是我的朋友吗？"

猴子满脸堆笑着回答："当然，我永远是您最忠实的朋友。"

"既然如此，"老虎说，"为什么我每次犯错误时，都得不到你的忠告呢？"

猴子想了想，小心翼翼地说："作为您的属下，我可能对您有一种盲目崇拜，所以看不到您的错误。也许您应该去问一问狐狸。"

老虎又去问狐狸。狐狸眼珠转了一转，讨好地说："猴子说得对，您那么伟大，有谁能够看出您的错误呢？"

- ✔ 高处不胜寒，孤独的管理者是可悲的，要改变这种状况，管理者就应该放下架子，与团队成员进行深入的沟通。
- ✔ 管理者要想听到来自下属的真实意见，首先需要获得下属的信任。缺乏信任的沟通不但得不到真实的信息，还可能会对管理者产生误导。

第三节　提高团队领导能力的 **8** 个故事

一、陛下只能带十万

? 管理者如何确定自己应直接领导的团队成员数量

? 管理者如何通过授权对团队进行更加有效的管理

　　陛下只能带十万

　　韩信与刘邦论兵。刘邦问道："如我带兵能带多少？"

　　韩信说："陛下不过能带十万兵。"

　　刘邦又问："那你呢？"

　　韩信回答道："我要是带兵，就多多益善。"

　　刘邦笑着说："多多益善，为何还在我手下呢？"

　　韩信说："陛下不善于统领士兵，但善于领导将领们，这就是我为陛下所用的原因。况且陛下的位置是上天授予，不是人力所能做到的。"

✎ 管理者的团队领导能力的强弱，不在于所领导的团队成员数量，而要看团队成员的素质。团队成员平均素质越高，管理者的领导能力就要相应提高。

✎ 管理者在领导团队时，要学会通过有效授权管理团队，为团队成员发挥才能创造机会。只有这样才能打造出高效率的团队。

二、鹦鹉咳嗽为哪般

? 管理者应如何看待下属出错和自己的关系

? 管理者应如何对下属起到一定的表率作用

鹦鹉咳嗽为哪般

一位女士养了一只鹦鹉。这只鹦鹉非常美丽，却有一个坏毛病：经常咳嗽且声音沙哑难听，好像喉咙里填满了令人作呕的痰。女主人十分焦虑，急忙带它去看兽医，生怕它患上了什么呼吸系统的怪病。

检查结果证明，鹦鹉非常健康，根本没有任何毛病。女主人急忙问起为什么鹦鹉会发出那难听的咳嗽声，医生回答说：

"俗话说，鹦鹉学舌。它之所以发出咳嗽声，一定是因为它经常听到这样的声音，你们家一定有人经常咳嗽，是吗？"

女主人有些不好意思了。原来，她有抽烟的习惯，所以经常咳嗽，鹦鹉只不过是惟妙惟肖地把女主人的咳嗽声模仿出来而已。

> ✐ 员工的很多错误行为往往是从领导处学来的。发现员工的错误行为时，管理者要先进行自我思考和检讨。
> ✐ 欲立人者先立己，欲达人者先自达。以身作则，为员工起到示范作用是最好的教导方式，也是管理者领导力的重要体现。

三、不去推车有高见

? 管理者应如何定位各团队成员的角色

? 管理者如何激发团队成员的工作热情

不去推车有高见

赵简子乘车到羊肠坂这个地方，他的家臣都袒胸露臂为他推车，唯独虎会扛着戟边走边唱不去推车。

简子说："我去羊肠坂，群臣都来推车，独有虎会扛着戟边走边唱不推车，这是虎会作为臣子在侮辱主上，该当何罪？"

虎会说："当臣子的侮辱他的主上，罪该死上加死。"

简子说："什么叫死上加死？"

虎会回答说："自己死，老婆和孩子也得死，这就叫作死上加死。您既然已经听说臣子侮辱主上的罪罚了，您是否也听说过主上侮辱臣子的结果呢？"

简子说："主上侮辱了他的臣子又如何呢？"

虎会回答说："主上要是侮辱了他的臣子，那么智者就不会为他出谋划策，善辩者就不会为他出使外邦，勇敢的人就不会为他出力打仗。智者不出谋划策，国家就会

（续）

危险；善辩者不出使外邦，和邻国的交往就会断绝；勇敢的人不出力打仗，边境就会受到侵犯。"

简子说："说得很好！"于是停止了家臣推车的劳役，并为有职位的人设置筵席，和家臣们一起饮酒，还把虎会当作上宾一样对待。

启思

- ✎ 管理者要能够知人善任，给每个团队成员充分发挥其才能的空间。同时，管理者要对各团队成员进行清晰的定位，帮助他们认清自己的角色。
- ✎ 管理者要善待每个团队成员，给予他们应有的礼遇，这样才能激发他们的工作热情，从而提高整个团队的绩效。

四、庄王为何拒赴宴

目标

? 管理者怎样才能克制自己的欲望

? 管理者如何为团队成员树立榜样

故事

庄王为何拒赴宴

有一次，令尹子佩请楚庄王赴宴，他爽快地答应了。子佩在京台将宴会准备就绪，就是不见楚庄王驾临。第二天子佩拜见楚庄王，询问他不来赴宴的原因。楚庄王对他说："我听说你在京台摆下盛宴。京台这地方，向南可以看见料山，脚下正对着方皇之水，左面是长江，右边是淮河，到了那里，人会快活得忘记了死的痛苦。像我这样德行浅薄的人，难以承受如此的快乐。我怕自己会沉迷于此，流连忘返，耽误治理国家的大事，所以改变初衷，决定不去赴宴了。"

（续）

楚庄王不去京台赴宴是为了克制自己享乐的欲望。由于楚庄王能注意与欲望保持一定距离，所以他才能在登基后"三年不鸣，一鸣惊人；三年不飞，一飞冲天"，成为了一位治国有方的君王。

✔ 管理者应该有效克制自己的欲望，不能沉醉于享乐而不能自拔，否则不但自己会失去理想，更会严重影响团队士气，降低团队的效率。
✔ 管理者的一言一行都会对团队成员产生影响。因此，管理者要做到以身作则，为团队成员树立榜样。

五、要和员工打成片

? 管理者怎样才能增强自己的亲和力

? 管理者如何拉近与团队成员的距离

要和员工打成片

一家矿业公司的董事长在年轻时，由于工作上急于求成，遇事常急躁冲动，总是把事情办得很糟，结果被派到基层矿山去担任一个矿的矿长。在就职的欢迎酒会上，由于他既不善喝酒，又不善辞令，以致被员工们认为是一个傲慢的家伙，员工对他都敬而远之。他在矿里一度很被动，因此工作开展起来可谓举步维艰。

过了大半年后，过年前夕，公司举办同乐会，大家要即兴表演节目。他在同乐会上唱了几句家乡戏，赢得了台下热烈的掌声。连他自己也没想到，那些一向对他退避

（续）

三舍的下属们，纷纷对他表示亲近和友好。此后他在矿上成立了一个业余家乡戏团。从此，他的下属非常愿意和他接近，有事都喜欢跟他谈。他从过去令人望而生畏的人变成了可亲可敬的人。矿上无论出现一件多难办的事，只要经他出面，都会迎刃而解。因此这个矿的产量突飞猛进。

没过几年，他就升为了董事长，在一次工厂庆功会上，大家都为本年度的好成绩举杯欢庆，临近结束时，公司总裁的秘书小姐提议大家在欢乐中散会，便想出了一个办法，想把一个分公司的副经理抛到喷泉的池子中，以此使会议达到高潮。总裁同意了秘书小姐的提议，就和董事长商量，董事长表示这样做不妥，最后决定由公司的最高领导者——他自己，在水池中来一个旱鸭子游水。

董事长转向大家说："我宣布大会最后一个项目就是秘书小姐的建议——她叫我在泉水池中来一个旱鸭子戏水，我同意了，请各位先生注意了，我就此开始表演。"于是他跳入池中，游起泳来，引得参加会议的几百人哄堂大笑。

事后总裁问他："你为什么自己跳下水池，而不叫副经理下去呢？"

董事长回答说："一般来说，让那些职位相对较低的人出洋相以博得众人的取笑，而职位较高的人却高高在上端着一副架子，使人敬畏，那是最不得人心的了。"

- 管理者应该抛弃高高在上的姿态，勇于和团队成员打成一片，只有这样才能够增强自己的亲和力，进而增强团队的凝聚力。
- 喜欢摆架子的管理者会让团队成员敬而远之，既无法与团队成员进行充分沟通，也不能对他们形成有效激励，会降低团队的工作效率。

六、指挥下属别光喊

？ 团队成员遇到困难时，管理者该如何应对

？ 管理者应该如何认识职务权利和领导能力

指挥下属别光喊

有一天，乔治·华盛顿身穿及膝的大衣，独自一人走出营地。他所遇到的士兵没有一个认出他。这时，他看到一个下士正率领手下的士兵筑堡垒。

"加把劲！"那个下士对抬着巨大石块的士兵们喊道，"一、二，加把劲！"但是那下士自己却连石块都没碰。因为石块很重，士兵们一直没有把它放到位置上。他们几乎用尽力气，石块就要滚落下来。

这时，华盛顿已疾步跑到跟前，用他的肩膀顶住石块。援助很及时，石块终于放到位置上。士兵们转过身拥抱了华盛顿，并向他表示感谢。

"你为什么光喊'加把劲'却把自己的手放在衣袋里呢？"华盛顿问那下士。

"你问我？难道你看不出我是这里的下士吗？"

"哦，这倒是真的！"华盛顿说着，解开大衣纽扣，向这位鼻孔朝天、背着手的下士露出他的军服，"按衣服看，我就是上将。不过下次再抬重东西时，你记得叫上我！"

可以想像，那位下士看到站在自己面前的竟是华盛顿本人时，是多么的羞愧。

✎ 当团队成员在执行任务的过程中遇到困难和问题时，管理者应及时伸出援助之手，对他们进行有效地指导和帮助。

✎ 领导能力不等于职务带来的权利，管理者要通过自己的言行赢得团队成员的拥护和尊重，从而提高自己的领导能力。

七、老板批评很委婉

目标

? 管理者如何帮助员工改正错误

? 管理者如何掌握批评的艺术

故事　　老板批评很委婉

　　由于家里装修，彼得总是忙到很晚，因此他早上起得也晚，这些天上班经常迟到。好在老板是个含蓄的人，并没有过多指责他。这天他上班又迟到了，老板拿出一块表对他说："彼得，这块表是我为你买的，价格不贵，送给你方便你掌握时间。"拿着老板送的表，彼得很羞愧，但也感到一丝温暖，以后他就很注意上班的时间，再也没迟到过。

　　前些天，莉莉从老板的办公室出来，脸红红的，彼得问她是不是挨了老板的训斥，莉莉说："老板没有说我什么，只是送了我一张手机充值卡。""那你应该高兴呀！"彼得说。"老板的意思是让我以后不要再用公司的电话和男朋友聊天了，这话他没明说，但送张手机充值卡给我，我就明白了，响鼓确实不用重锤。"莉莉不好意思地说。

启思

✎ 管理者需认识到，对团队成员"润物细无声"的教导有时能比"雷霆之怒"收到更好的效果。

✎ 对团队成员的错误，批评不可少，但批评时应根据具体情况采取灵活的策略。高明的批评既能让团队成员进行自我反省并且改正错误，同时还能让其感受到管理者的心胸与关怀。

八、教育有方得保全

目标

? 管理者如何以身作则管理团队

? 团队成员如何正确理解领导,增强团队凝聚力

故事 教育有方得保全

> 石奋在汉景帝时期任太子太傅,他不仅自己鞠躬尽瘁,而且注重言传身教,四个儿子非常有出息。
>
> 石奋家族教育甚严,他要求子孙毕恭毕敬、谨言慎行。如果有子孙犯错,石奋不打不骂,而是自己绝食,犯错的人不道歉、不承认错误,自己就不吃饭,犯了错的子孙只好到石奋面前请罪,保证不再犯错,石奋才肯吃饭。
>
> 在汉武帝时期,石奋家族因其严谨的家风,得以常保富贵、远离灾祸。

启思

⚡ 领导的言行决定和影响着团队的氛围。

⚡ 领导和教育团队成员需要适宜的方法。

第四节　提高团队领导能力的 3 个游戏

一、你是老马怎么办

目标

? 提高游戏参与者解决团队内部问题的能力

? 让游戏参与者了解如何解决团队内部问题

游戏　你是老马怎么办

人数	10 人	时间	50 分钟
场地	空地或操场	用具	16 根圆木，4 块硬木板，4 根 6 米长的粗绳子
游戏步骤	1. 培训师向学员讲述如下的案例。 　　这几天，营销经理老马有些烦恼，因为他手下的两个得力帮手好像商量好似的，先后找到他沟通，觉得自己的工资底薪太低，而且公司制定的奖励政策非常不合理，体现不了按劳分配、多劳多得的原则，两人表示要么提高工资底薪，要么调整奖金数额，反正一定要提高薪酬待遇，否则他们可能会另谋高就。 　　其实，老马与两位骨干的关系挺融洽的，年底他还为两人向老板申请了丰厚的年终奖金。这两个助手也确实能干，本部门 36% 的业绩都是他们的订单，相当于部门其他成员的业绩总和，他们一走必然会带走部分客户，影响部门的业绩。可是，他担心无论是给他们增加底薪还是调整奖金，都会水涨船高，到最后销售费用猛增，还是无法向老板交代。		

（续表）

游戏步骤	于是老马把这个问题向老板做了汇报，请老板指示如何办理，不料老板却对他说："这个问题交给你全权处理，既不能让两个年轻人走了，也不能让销售利润率下降，还要注意不要产生后遗症或其他连锁反应。你自己看着办吧，我会同意你的决定的。" 2. 培训师向学员提出问题并进行讨论。
问题讨论	1. 假如你是老马，你会怎么办？ 2. 你如何对待团队其他成员同样的加薪要求？

* 团队管理者可以通过合理的报酬来反映团队成员技能的掌握和劳动的成果。
* 团队管理者是团队建设中的内部协调者和沟通者，卓越的团队领导者在努力满足团队成员需要的同时要确保不损害团队和组织的利益。

二、领导决策需果断

? 帮助游戏参与者体会应怎样做出有效决策

? 让游戏参与者懂得依靠团队力量解决问题

领导决策需果断

人数	10 人	时间	20 分钟
场地	不限	用具	10 张测试卷
游戏 步骤	1. 培训师向学员分发测试卷，测试内容如下所示。 2. 学员被要求在五分钟内做出自己的排列选择。 3. 培训师给出专家意见（如下）。 4. 是否还有人坚持自己的意见，请其详细说明自己的想法。		
测试 内容	假设你是一名船长，从某地出发，一路风平浪静，行驶极为顺利，突然间，浓雾弥漫，视野不佳，当雷达发现对方船只时已经避之不急，船撞上了…… 　　这时候，身为船上最高领导的你要采取应急措施，请对以下的 15 个项目做出判断，你认为最急切需要处理的事项就写上 1，最不急切的事项写上 15，依次进行排列。 A. 放点音乐，舒缓船上人员紧张情绪。 B. 命令乘员放下救生艇。 C. 命令检查发电机是否运转中。 D. 搜索附近海域。 E. 分配各救生艇准备钓具。 F. 请船医准备医疗品。 G. 为同舟共济，准备捆绑身体的绳索。 H. 与现场人员确认事故状况。 I. 通知船上人员进入紧急事故戒备中。 J. 让各救生艇准备信号弹。 K. 求神拜佛。 L. 封锁船体破损区的闸门。 M. 为救助对方的乘客而放下救生艇。 N. 准备搬出便携式无线电。 O. 向附近船只发出 SOS 求救信号。		
专家 意见	1~15 分别是 H、L、I、B、O、C、N、D、J、M、F、G、E、K、A		

- 管理者在做出决策时，一定要分清事情的轻重缓急，要先做重要而紧急的，再做重要但不紧急的，然后做紧急但不重要的，最后做不紧急也不重要的。
- 管理者要能够合理安排团队成员的工作，善于激励他们，学会依靠团队的力量解决面临的问题。

三、众人围圈向前进

? 管理者面对困难时，如何有效协调团队

? 团队怎样快速达成执行方式

众人围圈向前进

人数	8～12 人	时间	15 分钟左右
场地	宽阔的场地	用具	无
游戏步骤	1. 所有队员手牵手结成一张网。 2. 在不松手的情况下要求众人向前达到目标。		
问题讨论	在有阻碍的情况下怎样迅速沟通，领导团队向前，协同团队完成任务。		
培训技巧	快速产生领导，有效协调，配合领导达成团队目标。		

> 🎤 新组建的团队迅速选出合适的领导，有助于推进团队在遇到困难时达成目标。
> 🎤 团队成员须服从协调、紧密合作。

PART

9

第九章

提高团队激励能力

在团队中，团队激励能力是指管理者进行自我激励和采用各种激励方式激励团队成员的能力。请通过下列问题对自己的该项能力进行差距测评。

1. 你如何认识团队激励？
   A. 需要把团队看成一个整体
   B. 离不开个体激励
   C. 是个体激励之和

2. 你如何看待绩效标准与由此产生的激励效果的关系？
   A. 绩效标准决定着激励效果
   B. 绩效标准影响着激励效果
   C. 影响有限

3. 你如何对待团队成员提出的反对意见？
   A. 进行奖励
   B. 进行鼓励
   C. 根据自己的判断决定是否接受

4. 你一般什么时候会对团队成员进行奖励？
   A. 及时
   B. 定期
   C. 下属有重大贡献时

5. 你如何看待良好福利的作用？
   A. 能有效激励团队成员
   B. 能够稳定团队成员
   C. 能改善团队与成员的关系

6. 你如何才能对团队成员进行有效激励？
   A. 针对需求
   B. 精神与物质相结合
   C. 高物质奖励

7. 你一般选择怎样的激励方式？
   A. 因人而异，因事而异
   B. 多种激励方式并用
   C. 总是惯用某种激励方式

8. 作为团队管理者，你如何对团队进行目标激励？
   A. 协助成员设定目标
   B. 让成员自己设定目标
   C. 为团队设定一个目标

9. 你如何认识批评和惩罚对团队成员的影响？
   A. 是一种激励方式
   B. 确保成员朝正确的方向前进
   C. 可减少不良行为的发生

10. 作为团队管理者，你如何认识自身的行为对成员的影响？
   A. 好的行为是一种示范激励
   B. 以身作则为成员树立榜样
   C. 影响有限

选 A 得 3 分，选 B 得 2 分，选 C 得 1 分

24 分以上，说明你的团队激励能力很强，请继续保持和提升。

15～24 分，说明你的团队激励能力一般，请努力提升。

15 分以下，说明你的团队激励能力很差，亟需提升。

第一节　团队激励能力培养与训练提高

一、兔王的团队激励

　　为了提高下属的工作积极性，管理者通常要采取各种方式对下属进行激励。但这种激励对于确保组织目标的顺利实现还远远不够，管理者必须学会激励由不同成员通过协作解决问题的团队。

　　南山坡住着一群兔子。在蓝眼睛兔王的精心管理下，兔子们过得丰衣足食、其乐融融。可是最近一段时间，外出寻找食物的兔子带回来的食物越来越少。为什么呢？兔王发现，原来是一部分兔子在偷懒。

　　那些偷懒的兔子不仅自己怠工，对其他的兔子也造成了消极的影响。那些从前不偷懒的兔子也认为，既然干多干少一个样，那还干个什么劲呢？也一个一个跟着偷起懒来。于是，兔王决心要改变这种状况，宣布谁表现好谁就可以得到它特别奖励的胡萝卜。

　　一只小灰兔得到了兔王奖励的第一根胡萝卜，这件事在整个兔群中激起了轩然大波。兔王没想到反响如此强烈，效果居然适得其反。有几只老兔子前来找它谈话，数落小灰兔的种种不是，质问兔王凭什么奖励小灰兔？兔王说："我认为小灰兔的工作表现不错。如果你们也能积极表现，自然也会得到奖励。"

　　于是，兔子们发现了获取奖励的秘诀。几乎所有的兔子都认为，只要善于在兔王面前表现自己，就能得到奖励的胡萝卜。那些老实的兔子因为不善于表现，总是吃闷亏。

　　于是，日久天长，兔群中竟然盛行起一种"当面一套背后一套"的工作作风。许多兔子都在想方设法地讨兔王的欢心，甚至不惜弄虚作假。兔子们勤劳朴实的优良传统遭到了严重打击。

　　为了改革兔子们弄虚作假的弊端，兔王在老兔子们的帮助下，制定了一套有据可依的奖励办法。这个办法规定，兔子采集回来的食物必须经过验收，然后可以按照完成的数量得到奖励。一时之间，兔子们的工作效率大大提高，食物的库存量也有所增加。

（续）

兔王没有得意多久，兔子们的工作效率在盛极一时之后，很快就陷入了每况愈下的困境。兔王感到奇怪，仔细一调查，原来在兔群附近的食物源早已被过度开采，却没有谁愿意主动去寻找新的食物源。有一只长耳朵的大白兔指责它惟数量论，助长了一种短期行为的功利主义思想，不利于培养那些真正有益于兔群长期发展的行为动机。

兔王觉得长耳兔说得很有道理。有一天，小灰兔素素没能完成当天的任务，它的好朋友都都主动把自己采集的蘑菇送给它。兔王听说了这件事，对都都助人为乐的品德非常赞赏。过了两天，兔王在仓库门口刚好碰到了都都，一高兴就给了都都双倍的奖励。此例一开，变脸游戏又重新风行起来。大家都变着法子讨好兔王，不会讨好的就找兔王吵闹，弄得兔王坐卧不宁、烦躁不安。有的兔子说："凭什么我干得多，得到的奖励却比都都少？"有的兔子说："我这一次干得多，得到的却比上一次少，这也太不公平了吧？"

时间一长，情况愈演愈烈，如果没有高额的奖励，谁也不愿意去劳动。可是，如果没有人工作，大家的食物从哪里来呢？兔王万般无奈，宣布凡是愿意为兔群做贡献的志愿者，可以立即领到一大筐胡萝卜。布告一出，报名应征者非常踊跃。兔王心想，重赏之下，果然有勇夫。

谁也没有料到，那些报名的兔子之中居然没有一个如期完成任务。兔王气急败坏，跑去责备它们。它们异口同声地说："这不能怨我呀，兔王。既然胡萝卜已经到手，谁还有心思干活呢？"

面对问题，兔王采取了各种措施来提高兔子们的工作积极性。然而，新措施执行以后，总会产生新的问题。兔王对个体的激励并不能带来团队的高效率，由此可以看出，个体激励不能替代团队激励，团队激励也不仅仅是个体激励的简单相加。

二、激励团队的方式

管理者首先应使团队具备有效激励的条件，在此基础上再采取各种有效激励措施进行科学的团队激励。

（一）有效激励团队的首要条件

1. 团队成员有做好目前工作的能力

团队成员有能力完成他们的工作和任务，胜任他们的职位。否则，在工作能力都不具备的情况下，管理者很难通过激励来提高员工的工作绩效。

2. 团队成员的工作符合其偏好和兴趣

兴趣是最好的老师，是一个人做好工作的内因，而内因又是决定激励效果的关键因素。内因不具备，激励很难成功。

3. 团队成员的工作量要适度

如果工作量过大，团队成员就无法从工作中得到快乐，他们对工作的热情和效率也将难以为继。

4. 团队成员应能从工作中不断获得成就感

团队成员如果能够看见自己的进步，那么他们就会不断提高对自己的要求，他们对管理者激励措施的感受也会更加强烈。

（二）有效激励团队应采取的措施

1. 为团队成员创造积极的工作环境

积极的工作环境是指工作环境应当清洁、舒适，团队成员需要使用的设备、工具、系统都能够正常运行。积极的工作环境能让团队成员产生自豪感，能够提高他们的工作积极性。

2. 选择那些具有团队精神的人加入本团队

一个团队的所有成员都必须融入到团队中来，而具有团队精神是团队成员融入团队的先决条件。

3. 建立科学的奖励机制

管理者应建立科学的奖励机制，使奖励行为制度化和流程化，从而让团队成员在较公平的奖励活动下获得有效激励。

4. 为团队成员设立共同的奋斗目标

共同的奋斗目标是调动全体团队成员积极性的利器。这个目标必须是可衡量的和可实现的。

5. 努力使团队成员保持旺盛的精力

身体是革命的本钱，只有拥有旺盛的精力，才能高效开展工作。否则，管理者的激励只能使团队成员感到"心有余而力不足"。

6. 要关心团队中的每个成员

团队由相互联系的个人组成，每个人都在为团队绩效付出努力。管理者必须让他们感受到各自对团队的贡献和在团队中的重要性。

7. 培养团队成员的归属感

团队归属感是激励团队成员的重要动力来源。所以，管理者必须不断提高成员对团队的认同感和归属感。

8. 让所有成员共同分享团队的成功

让成员分享团队的成功，能提高他们对团队的自豪感和归属感，能激励他们为新的、更大的成功努力奋斗。

9. 加强团队成员间的沟通，提高团队的凝聚力

管理者可以通过举办各种培训、课程、团队竞赛等加强团队成员之间的沟通，提高他们的向心力与凝聚力。

10. 管理者不断提高自身的激励能力

管理者是一个团队的领导核心，只有不断提高自己激励团队及其成员的能力，才能让团队的战斗力得到根本性的保障。

第二节　提高团队激励能力的 3 个寓言

一、劳动积分来换钱

? 管理者怎样才能够建立有效的激励制度

? 管理者如何对激励制度加以调整和完善

劳动积分来换钱

　　熊爸爸每个月都会为给三个孩子零用钱而发愁，因为零用钱的多少是根据孩子的年龄进行分配的，孩子们觉得不公平而经常吵架。

　　一天，负责家务的熊妈妈病了，熊爸爸没有办法负担全部的家务，想到孩子们也许能帮忙做些家务。可是，如何让孩子们心甘情愿地做家务让熊爸爸想了又想。最后它决定把家务与零用钱联系到一起，这样可以解决这个头疼的问题。

　　于是，它把孩子们叫来说："孩子们，你们谁想要比现在更多的零用钱?"

　　孩子们纷纷说道："我想! 我想!"

（续）

"那有一个办法，你们可以用你们所付出的劳动换取你们的零用钱。怎么样？"

孩子们听了之后，都觉得很好，纷纷点头同意。熊爸爸制定了劳动标准与积分卡发放制度。以往让熊爸爸头痛的事情就这样解决了。

可是在执行的过程中，因为擦地比较容易，而且得到的分数也比其他的多。于是孩子们都在抢着做。于是，熊爸爸将容易产生争议的劳动给每个人规定了次数并调整了部分劳动的积分额度。又一个问题被解决了！孩子们又能按照熊爸爸的规定主动地完成家务了。

语录

✎ 激励制度的建立，能够促使团队成员长期保持工作的积极性，但管理者也不能认为激励制度建立以后就能够一劳永逸，而是要及时对激励制度加以调整和完善。

✎ 激励制度应保持公平公正，不仅要公平对待每个团队成员，更要保持各项工作或任务的公平合理。

二、绩效设计是关键

目标

❓ 管理者怎样选择合理的激励要素

❓ 何种激励要素能帮助团队成员明确团队目标

寓言　　**绩效设计是关键**

黑熊和棕熊喜食蜂蜜，都以养蜂为生。它们各有一个蜂箱，养着同样多的蜜蜂。有一天，它们决定比赛看谁的蜜蜂产的蜜多。

黑熊想，蜜的产量取决于蜜蜂每天对花的"访问量"。于是它买来了一套昂贵的测量蜜蜂访问量的绩效管理系统。在它看来，蜜蜂所接触的花的数量就是其工作量。

（续）

每过完一个季度，黑熊就公布每只蜜蜂的工作量；同时，黑熊还设立了奖项，奖励访问量最高的蜜蜂。但它从不告诉蜜蜂们它是在与棕熊比赛，它只是让它的蜜蜂比赛访问量。

棕熊与黑熊想得不一样。它认为蜜蜂能产多少蜜，关键在于它们每天采回多少花蜜——花蜜越多，酿的蜂蜜也越多。于是它直截了当地告诉众蜜蜂："我在和黑熊比赛看谁的蜜蜂产的蜜多。"它花了不多的钱买了一套绩效管理系统，测量每只蜜蜂每天采回花蜜的数量和整个蜂箱每天酿出蜂蜜的数量，并把测量结果张榜公布。它也设立了一套奖励制度，重奖当月采花蜜最多的蜜蜂。如果一个月的蜜蜂总产量高于上个月，那么所有蜜蜂都将受到不同程度的奖励。

一年过去了，两只熊查看比赛结果，黑熊的蜂蜜不及棕熊的一半。

黑熊的评估体系很精确，但它评估的绩效与最终的绩效并不直接相关。黑熊的蜜蜂为尽可能提高访问量，都不采太多的花蜜，因为采的花蜜越多，飞起来就越慢，每天的访问量就越少。另外，黑熊本来是为了让蜜蜂搜集更多的信息才让它们竞争，由于奖励范围太小，为搜集更多信息的竞争变成了相互封锁信息。蜜蜂之间竞争的压力太大，一只蜜蜂即使获得了很有价值的信息，如某个地方有一片巨大的槐树林，它也不愿将此信息与其他蜜蜂分享。

棕熊的蜜蜂则不一样，因为它不限于奖励一只蜜蜂。为了采集到更多的花蜜，它的蜜蜂相互合作，嗅觉灵敏、飞得快的蜜蜂负责打探哪儿的花最多最好，然后回来告诉力气大的蜜蜂一齐到那儿去采集花蜜，剩下的蜜蜂负责贮存采集回的花蜜，将其酿成蜂蜜。虽然采集花蜜多的蜜蜂能得到最多的奖励，但其他蜜蜂也能获得部分好处，因此蜜蜂之间远没有到人人自危、相互折台的地步。

启思

- ✎ 建立激励制度时，选取的激励要素不同，最终的结果也将有很大不同。因此，管理者在选择激励要素时一定要综合考虑、全面衡量，以免造成选择错误。
- ✎ 管理者选择的激励要素决定了团队成员努力的标准和方向，决定了团队成员的协作意愿与竞争程度。管理者选择前应该充分考虑各种激励要素的利弊。

三、老虎如何来作战

目标

? 管理者应如何对不同的团队成员进行激励

? 管理者应如何促使团队成员不断取得进步

寓言　**老虎如何来作战**

　　森林里熊和老虎要争夺森林之王的地位，它们各有一大批支持者，双方经常发生战争，几乎每次都是老虎这一方获胜。

　　这一天老虎和熊的队伍要进行大决战了。熊向它的团队许诺，只要战胜老虎，当上森林之王，什么条件随便它们提，可是因为熊老是失败，大家士气低落，也不相信熊的承诺。

　　熊胡乱分配任务，它让胆小的老鼠当先锋，让脆弱的狸猫当中坚，任命蠢笨的野猪当军师，至于侦查敌情的任务，它则交给了速度奇慢的蜗牛，而勇猛的野牛、豹子却被它派去管后勤。另一边，老虎也开始了战前动员。它站在山岗上，大声说道："你们想不想获得荣誉，想不想做自己喜欢的事情，现在，我让聪明的狐狸担任军师，让善飞的老鹰侦查敌情，让凶猛的狼充当先锋，让无敌的老虎担任中坚，让勤劳的蚂蚁和蜜蜂掌管后勤供应。只要我们团结一致，肯定会取得胜利。"

　　战斗开始了，老鹰很快侦查好了敌情，报告给了老虎，老虎立刻说："老鹰侦查有功，应当予以重赏。"狐狸马上依据敌人的部署做好了谋划，老虎说道："聪明的狐狸军师已经给我们做好了谋划，我们难道还不能胜利吗？"接着，狼、老虎、蚂蚁、蜜蜂都很轻松地完成了自己本来就擅长的工作，获得了老虎的奖赏。熊那边早就乱成一锅粥了，战斗刚一开始，整个团队就崩溃了，最终，老虎当上了森林之王。

> ✎ 管理者在进行团队激励和工作安排时，一定要注意团队成员的兴趣和特长，合理安排。
>
> ✎ 当一个人从工作中不断获得成就感的时候，他会努力且不断进步的。管理者要给团队成员安排合理的工作，使其不断成功，不断获得成就感，不断进步。

第三节　提高团队激励能力的 8 个故事

一、重赏异议学曹操

❓ 管理者如何激励持反对意见的团队成员

❓ 管理者如何才能够听到更加全面的意见

重赏异议学曹操

　　东汉时期，曹操为了统一北方，决定北上征服塞外的乌桓。

　　以曹操当时的实力来说，这一举动相当危险，许多将领纷纷劝阻。但曹操还是坚持率军出兵，最后将乌桓打败，基本上统一了北方。

　　曹操班师回朝后，调查当时有哪些人不同意其北伐计划。那些人认为自己要遭到曹操严惩了，都十分害怕。不料曹操给了他们丰厚的赏赐。大家都很奇怪，事实证明劝阻北伐是错误的，怎么反而得到赏赐呢？

（续）

曹操说道："北伐之事，当时确实十分冒险。虽然侥幸得胜，但属老天帮忙，不可当作正常现象。各位的劝阻是出于万全之策，所以我要奖赏。我希望大家以后更加敢于发表不同的意见。"这些将领听到后很是感动，更加尽心尽力地为曹操效力。

语录

✍ 管理者应认识到，敢于提出反对意见的团队成员同样在关心团队的发展，他们一般承受着更大的压力。管理者应该及时对他们进行各方面的激励，以激发他们为团队建言献策的积极性。

✍ 对持不同意见的团队成员进行奖励，不仅能够表现出管理者的大度，而且有助于管理者得到更加全面的信息。

二、困境发薪真是高

目标

❓ 管理者如何面对处于困境中的团队成员

❓ 管理者在绝境中应该如何激励团队成员

故事　　**困境发薪真是高**

1933 年，加利福尼亚的一家纺织公司因一场大火被化为灰烬。3 000 名员工悲观地回到家里，等待着董事长宣布公司破产和失业风暴的来临。

在无望而漫长的等待中，他们终于接到了来自董事长办公室的一封信，信中说公司向全体员工继续支薪一个月。员工们惊喜万分，纷纷打电话或写信向董事长亚伦·博斯表示感谢。

（续）

一个月后，正当他们为下个月的生活发愁时，他们又接到了董事长办公室发来的第二封信，信中说还要向全体员工支薪一个月。3 000 名员工接到信后，不再是意外与惊喜，而是热泪盈眶。

第二天，他们纷纷涌向公司，自发地清理废墟，擦洗机器，还有人主动去南方联系中断的货源……

三个月后，这家纺织公司重新运转了起来。

现在，这家纺织公司已经成为美国最大的纺织品公司，它的分公司遍布五大洲的60 多个国家。

- 雪中送炭胜过锦上添花。管理者对困境中的团队成员给予及时的帮助，更能激发他们的奉献精神，增强他们对团队的向心力和凝聚力。
- 管理者激励团队成员应适时适地适情适境，要抓住合适的时机，同时还要选用恰当的策略。

三、注重福利效果好

? 管理者应该怎样看待良好福利的激励作用

? 管理者如何通过良好的福利激励团队成员

注重福利效果好

一个周末的晚上，可恶的犯罪分子在某公司的橱窗里偷偷放置的一枚炸弹爆炸了，相邻的几家商店也因此受到影响。

爆炸声惊醒了这个沉睡的城市，更惊动了这家分店的员工。虽然第二天是休息日，但该店的员工们却在没有人召集的情况下，不约而同地一早回到店里，清扫一片狼藉的店堂，更换橱窗上的破碎玻璃。到了第三天的上午，周围的商店刚刚开始清扫商店内的碎片，这家公司已经开始正常工作了。

人们不禁要问，该店的员工为什么会这样做呢？

其实，只要我们了解了该公司的管理方法，便不难找到准确的答案。

该公司是英国最大的销售服装和食品的零售商，也是英国最注重福利的公司。然而，公司并不是将福利作为施舍硬塞给员工，而是为了激励他们去积极工作。

公司一贯注重4.5万名员工的福利待遇，并将福利发展提高。管理层把每个员工都看作是有个性的人。人力资源部门的工作人员超过900人。他们主要是在分店工作，并成为商店管理班子的重要组成部分。每位人力资源经理要对他所管理的五六十人的福利待遇、技能培训和个人能力的提高发展方面负责。

公司每年要拨款5 000万英镑，用于提高员工的奖金和福利。

为了调动员工的工作积极性，公司建立了高质量的员工餐厅，每个员工只要花40便士（约合65美分），就可以吃到一顿三道菜的午餐、早晨咖啡和下午茶。这样，员工就能精力充沛地投入工作。

公司还特意为一个曾经在一家分店任过经理、在公司工作了50年的女士购置了一幢小型住宅，并发给养老金，这些感情投资使在职的全体员工大为感动，看到了公司的关怀与体贴。

这些措施大大增强了公司的凝聚力，不论是分店经理、管理人员，还是会计、营业员，甚至普通的送货员，都以自己能在这家公司工作而感到自豪。

✎ 为员工提供良好的福利，才能使员工没有后顾之忧，全身心地投入到工作中去。

✎ 团队提供的良好福利能增加成员对团队的自豪感，激发他们的工作热情，是激励团队成员的有效方式。

四、一个标准老虎恼

? 管理者如何才能了解团队成员需求的变化

? 管理者如何根据需要对团队成员进行激励

一个标准老虎恼

从前，在一个马戏团里有一位驯养员。在他所饲养训练的动物当中，以五只小老虎的表演最为逗趣、可爱，演出时场场满座，广受观众的喜爱。

驯养员每天喂小老虎一斤肉，然后施以训练。它们受到奖励后便表现得非常突出，演出动作完全符合驯养员的要求。因此驯养员相当得意，摸摸五只小老虎的头以示赞许，老虎也咆哮一声，自鸣得意一番。

随着时间的流逝，小老虎长大了，驯养员却仍然每天只喂它们吃一斤肉。到了第三年，小老虎已经变成大老虎了，这时它们的食量大增，仅吃一斤肉已不能填饱它的肚皮，所以它们常在表演时对着驯养员吼叫，暗示它们的需要。然而驯养员不以为然，以为它们又在自鸣得意。

一天，在全场观众的期待之下，驯养员又带着这五只老虎出场献艺。驯养员先喂老虎吃了一斤肉，老虎也做了一番精彩的演出，接下来它们却在全场观众的热烈掌声中，咆哮一声，向驯养员猛扑过去……

✎ 管理者应该在激励时对团队成员进行需求调查，根据调查分析的结果，实施有针对性的激励。有效的激励必然首先能够满足团队成员的需要。

✎ 管理者要了解团队成员需求的变化，以便及时做出调整。

五、命名奖励是绝招

？管理者如何进行荣誉激励

？管理者如何进行榜样激励

命名奖励是绝招

　　我国某钢铁公司建立了一种新型的激励机制，对一线有建树者实行"命名"奖。所谓"命名"奖，就是对娴熟掌握"洋设备"并推出更科学的操作法者，便以其姓名为操作法"命名"，例如，刘××发明的一种高效的卷控法，被命名为"刘氏卷控法"；朱××发明一种新的空分法，就叫"朱氏空分法"等。由于"奖"得其所，"奖"得到位，极大地调动了广大员工的积极性，公司呈现出了一个"人人参与、个个献策"的攻关氛围。据悉，4年多来，已有25种类似的操作法被推广运用，每年可直接创利2 000余万元。

　　改革开放后，我国从国外引进了一大批先进的成套设备。发挥这些设备的效应，挖掘其潜能，需要一大批有一定基础理论知识和丰富经验的员工。鉴于此，该公司坚持人本原则，调整人、机关系，使有贡献者"名利双收"，这实在是一招妙棋。

　　✎ 荣誉是提高员工工作热情的推进剂。管理者给予团队成员适当的荣誉，能满足他们对成就感的渴望，使他们不断感受到自己工作的意义，最终对他们形成有效激励。

　　✎ 榜样的力量是无穷的。给优秀的团队成员以荣誉，能够为整个团队树立榜样，给其他团队成员以鼓舞、教育和鞭策，激发他们的学习热情和愿望。

六、欢呼激励用口号

? 管理者应该怎样看待精神激励的重要作用

? 管理者如何运用口号对团队成员进行激励

欢呼激励用口号

沃尔玛公司的萨姆因他的亲和力而深得员工的支持和拥护。沃尔玛文化中最具号召力的话是"沃尔玛式欢呼",从中可以感受到沃尔玛员工强烈的荣誉感和责任心。

"来一个W!来一个W!我们就是沃尔玛!来一个A!来一个A!顾客第一沃尔玛!来一个R!来一个R!天天平价沃尔玛!我们跺跺脚!来一个T!沃尔玛!沃尔玛!"

"呼呼呼!"

每当萨姆巡视商店时,他就会提高嗓门向着员工们高喊公司口号,然后员工们群起响应。更有趣的是,每周六早7:30公司工作会议开始前,萨姆会亲自带领参会的几百位高级主管、商店经理们一起欢呼口号,做阿肯色大学的啦啦队操。另外,在每年的股东大会、新店开幕式或某些活动中,沃尔玛员工也常常集体欢呼口号。沃尔玛的欢呼口号成了沃尔玛公司中最具号召力的话语,也是公司的一大特色。

萨姆认为,使每个人都感到自己是沃尔玛大家庭的一员是非常重要的。在这个大家庭中,人人平等,没有谁会因为拥有带头喊口号的权力而自鸣得意,更没有谁因此成为被嘲笑的对象。萨姆认为每个人的工作都非常辛苦,如果整天绷着脸,一副表情严肃、心事重重的样子,那就更加劳累了。所以,员工必须用轻松愉快的方式应对相关的工作,这就是萨姆所谓的"沃尔玛欢呼"的哲学。

✎ 激励不仅指物质层面的，还包括精神层面的。精神激励的形式又是多种多样的，团队口号就是一种有效的精神激励方式。

✎ 团队口号可以使团队成员产生对团队的归属感和自豪感，激发他们的工作积极性。因此，管理者要认识到口号的激励作用，适时使用口号对团队成员进行激励。

七、战胜敌人信为宝

? 管理者如何看待一诺千金的激励作用

? 管理者如何对团队成员进行信用激励

战胜敌人信为宝

　　三国时期，魏明帝曹睿征讨蜀国，亲自从洛阳来到长安，派遣宣王司马懿督统左将军张郃所部及雍、凉二州等精兵三十万人，隐蔽进发，窥向蜀地剑阁。

　　蜀国丞相诸葛亮当时驻屯在祁山，他把精良武器装备都用在扼守险要之处，部队将有20%的人换防离去，留在战场的将士只有八万人。

　　正当魏军开始布阵之时，恰值蜀军换防交接过程，诸葛亮的参谋人员都认为敌军强盛，没有足够的兵力是战胜不了对方的，因此纷纷建议把换下来的部队暂留一月，以便壮大蜀军声威。

　　诸葛亮却说："我带兵打仗，一向以信义为根本，那种'得原失信'的做法，是为古人痛惜而不取的。现在，换防该去的士卒已经打好行装等待归期，他们的妻子则引领切盼而逐日计算着丈夫归来的时间。因此，目前我们虽然面临征战的困难，但恪守信义的原则不可废弃。"说完，诸葛亮便下令催促换防的士卒尽快启程返乡。

（续）

于是，该走的士兵也愿意留下参加战斗；该留的士兵则斗志昂扬，决心拼死一战。他们互相勉励说："诸葛丞相对我们的恩德，我们即使拼上性命也报答不完！"到了交战那天，蜀军无不拔剑争先，冲锋陷阵，以一当十，击退了主帅司马懿。蜀军一战而获大胜。

✐ 管理者在管理团队时，对于实现不了的事干脆不说为好，只要是说出的话就一定要做到。只有严守信义才能产生激励的作用。

✐ 君子一言，驷马难追。管理者的良好信用体现出了其对团队成员的尊重与重视，是管理者得到团队成员尊敬与拥护的良方，是管理者有效激励团队成员的利器。

八、明星大赛很有效

? 管理者如何认识荣誉对团队成员的重要性

? 管理者如何通过荣誉激励提高团队的绩效

明星大赛很有效

麦当劳公司每年都要在最繁忙的季节进行全明星大赛。

首先每个店要选出自己店中技能比赛的第一名，麦当劳员工的工作站大约分成十几个，在这些工作站中挑选出其中的 10 个，每个店的第一名将参加区域比赛，区域比赛中的第一名再参加公司的比赛。整个比赛都是严格按照麦当劳每个岗位的工作程序来评定的，公司中最资深的管理层成员作为裁判，他们秉公执法，代表整个公司对员工技能进行评估。

（续）

竞赛期间，员工们都是早到晚走，积极训练，因为如果能够通过全明星大赛脱颖而出，那么他的个人成长会有一个大幅度的跨越，也奠定了他今后职业发展的基础。

到发奖那一天，公司中最重量级的人物都要参加颁奖大会，所有的店长都期盼奇迹能出现在自己的店中。很多员工在得到这个奖励后，都非常激动，即便奖金只相当于一个月的工资，由此而获得的荣誉却非常高。

✐ 为了唤醒团队成员对成就感的渴望，从而促使他们不断进行自我超越，管理者需要巧妙利用荣誉对团队成员进行有效激励。

✐ 对管理者而言，荣誉激励的成本较低，却能使团队成员在精神上得到极大满足，可以很好地激发团队成员的斗志，因此这是一种较好的激励方式。

第四节　提高团队激励能力的两个游戏

一、物质奖励的效果

? 使游戏参与者都能做出积极的行为和举动

? 让游戏参与者从内心感觉到受到正面激励

游戏　　　　　物质奖励的效果

游戏介绍	做这个游戏时，团队管理者可通过这些活动来提高学员的积极性，巩固学习效果。		
人数	10 人以下一组	时间	3 分钟
场地	不限	用具	事先准备好的强化刺激用品
游戏步骤	1. 准备一些学员感兴趣或想得到的奖品（如 KTV 的欢唱券）。 2. 向他们说明游戏的奖励机制，告诉学员他们是可以获得这些奖励的，只要他们做出积极的举动。 3. 在奖品上贴上速贴标签，上面写着："成功来自于能够，而不是不能。"学员会为这一口号而大为振奋，当看到自己的行为被大家认可并因此得到奖励时，他们会喜欢上这个游戏，并做出相应的反应。 4. 任何时候，只要有人提出了一个深刻的见解或者用一句幽默的话语打破了房间的沉闷气氛，就奖励此人一件奖品，这会促使其他人也加倍努力去赢得他们想要的奖品。		
问题讨论	1. 为什么人们会积极参与？你认为其中的奥妙在哪里？ 2. 如果培训者扣发一次奖品，学员的反应会怎样？会出现什么后果？ 3. 如果培训者选择了错误的奖品，学员的反应会怎样？会出现什么后果？ 4. 你认为正激励还有什么方式？		

语录

> ❋ 管理者应该及时地对团队成员的积极表现给予正面肯定，发奖品时也必须准确、慷慨，否则会打击团队成员的积极性，并怀疑管理者的信用。
>
> ❋ 管理者对团队成员的某种行为给予肯定或奖励，以后这种行为再现的频率会增加，从而使这种行为得以巩固和持续。

二、积极赞扬的作用

? 让游戏参与者认识到赞美是一种激励

? 使管理者认识到赞美激励的重要作用

积极赞扬的作用

人数	集体参与	时间	15 分钟
场地	室内	用具	纸、笔

游戏步骤

1. 给每个人五分钟的时间，让他们如实地，尽可能多地在纸条上写出对其他成员的赞扬，这些赞扬可以是程度较浅的，如"你的领带真不错"、"你的衣服很漂亮"等。也可以是任何赞扬者喜欢的东西。惟一的原则是，在相互交换赞扬文字时，双方必须进行目光的交流。这些写下来的赞扬可以是匿名的，但把它交给接受者的时候，给予的人必须注视着接受者。

2. 所有的成员把自己写的赞扬都给了别人后，每个人都坐下，同时打开他们收到的纸条或礼物。

3. 评价一下现场的气氛。

4. 在向成员发出信号让他们看自己手中的纸条或礼物前，向他们提问："你们中有多少人从某个你们从未给过赞扬的人那儿收到了至少一个赞扬？""你们对此感觉如何？"为什么我们中有那么多人忽视了真诚赞扬——因为我们只是通过对另外一个人的赞扬来对得到的赞扬做出回应……

5. 每个人打开自己收到的纸条或礼物时，整个团队的情绪会不断高涨，团队内相互支持的风气也会显露出来。有些成员可能会感到有点窘迫，但毫无疑问，这样的经历是令人愉快的。

187

（续表）

问题 讨论	1. 为什么我们总是抑制自己如实赞扬我们所关心的人、一起工作的人，甚至是一直留心观察的人呢？ 2. 当你看到别人所写的关于你的一些优点，你的感受如何？ 3. 你能对这个练习进行改编，使之成为你生活的一部分，让自己更加清醒、更善于接受他人吗？ 4. 如果你要将收到的纸条和礼物与那些和你有过眼神接触的人对应起来，你会怎么做？这对促进双方的关系有什么帮助？ 5. 你还要再送一些礼物给其他人吗？当你想做的时候，为什么不去做呢？
培训 技巧	1. 这个游戏非常适合在休息的时候或是会议结束的时候进行。 2. 团队领导者应当为每个人都准备一些礼物，以便在有人没有收到礼物的情况下使用。

语录

❋ 每位团队成员都需要别人的肯定，这种真诚的赞扬可以提高他们的自信心和满意度，有助于团队绩效的提高。

❋ 真诚的赞扬可以激励团队成员更加努力奋进，培养团队中和谐的人际关系，增加团队的凝聚力。

PART

10

第十章

提高团队学习能力

自测 团队学习能力自测

在团队中，团队学习能力是指管理者组织团队进行经验总结、知识学习及创建学习型团队的能力。请通过下列问题对自己的该项能力进行差距测评。

1. 你如何认识团队学习？
A. 以团队目标为导向的全面学习　　　　　B. 相互学习，知识共享
C. 成员集体学习

2. 你如何认识学历与能力的关系？
A. 学历代表的只是能力的一方面　　　　　B. 学历不代表能力
C. 学历与能力成正比

3. 你如何理解学习对把握机会的作用？
A. 没有学习就没有机会　　　　　　　　　B. 学习能打开机会之门
C. 学习有助于识别机会

4. 你如何把学习转化为创造力？
A. 学习的东西要及时应用　　　　　　　　B. 从多个角度看问题
C. 在学习的过程中要积极思考

5. 作为团队管理者，你如何激发团队成员的学习热情？
A. 培养学习文化与氛围　　　　　　　　　B. 展开学习竞赛
C. 提出学习要求

6. 作为团队管理者，你如何帮助团队成员提高学习效率？
A. 通过知识共享体系　　　　　　　　　　B. 建立资源库，把知识模块化
C. 给成员以有效指导

7. 你如何发挥团队中非常善于学习的成员的作用？
A. 让其不断与大家分享　　　　　　　　　B. 树立学习标杆，鼓励他人
C. 让其帮助他人

8. 你如何认识学习创新？
A. 是团队学习的核心理念　　　　　　　　B. 是团队学习的目的
C. 是团队学习的基本要求

9. 作为团队管理者，你如何帮助团队成员克服学习障碍？
A. 鼓励他们协作解决问题　　　　　　　　B. 和他们一起克服障碍
C. 告诉他们技巧与方法

10. 你如何认识团队文化？
A. 通过团队学习来塑造　　　　　　　　　B. 需要团队成员共同努力形成
C. 团队管理者的责任

选 A 得 3 分，选 B 得 2 分，选 C 得 1 分
24 分以上，说明你的团队学习能力很强，请继续保持和提升。
15～24 分，说明你的团队学习能力一般，请努力提升。
15 分以下，说明你的团队学习能力很差，亟需提升。

第一节　团队学习能力培养与训练提高

一、及时总结喝到油

在科技发展瞬息万变的知识经济时代，成功将属于那些快速思考、善于学习、勇于解决问题和真正采取行动的团队。真正出色的企业将是能够设法使各个层次的人员全心投入，并有能力不断学习的组织。只有所有团队成员发挥自身的主动性，不断学习创新，并将其转换为实际的工作能力，团队才能在激烈的竞争中取得优势，获得持续发展。

> 三只老鼠一同去喝油。它们找到一个油瓶，通过协商达成一致意见，轮流上去喝油。于是三只老鼠一只踩着一只的肩膀开始叠罗汉，当最后一只老鼠刚刚爬到第二只老鼠的肩膀上时，不知什么原因，油瓶倒了，并且惊动了人，三只老鼠不得不仓皇逃跑。
>
> 回到鼠窝，大家开会讨论行动失败的原因。
>
> 最上面的老鼠说："我没有喝到油，而且推倒了油瓶，是因为我下面第二只老鼠抖动了一下"；第二只老鼠说："我确实抖了一下，但那是因为我下面的第三只老鼠抽搐了一下"；第三只老鼠说："对，对，我之所以抽搐是因为好像听见门外有猫的叫声。"
>
> "哦，原来如此呀！"大家紧张的心情顿时放松下来。经过商量，决定第二天再去，还是用前一天的办法，它们顺利地喝到了油。

三只老鼠在喝油失败后进行了讨论和总结，明确了失败的原因，为以后的喝油行动提供了宝贵的经验。

企业管理者应加强团队学习，促使团队成员彼此分享，不断将知识和经验转化成生产力，进而提高团队的核心竞争力。

二、提高团队学习力

团队学习能力主要是指团队对新知识、新观念、新事物的理解能力、吸引能力和整合能力。提高团队学习能力，企业可从以下几个方面入手。

（一）了解团队学习的特点

1. 合作性学习

在现代组织中，学习的基本单位是团队，团队学习是发展团体成员整体合作能力和实现共同目标的过程。经过团队学习，不仅能够帮助团队交出更为出色的工作成果，团队成员成长的速度也比其他的学习方式更快。在团队学习中，学习是合作、互学、共享的集体性活动。

2. 产生"1+1＞2"的效果

团队学习，要求学习的效果不是简单的个体相加，而是在个人相互有效配合的基础上，共同学习，相互促进，产生"1+1＞2"的效果。

3. 转化为实际的工作能力

团队学习的目的是将形成的整体学习力转化为团队意识和集体智慧，在实践中不断提升团队成员的凝聚力和工作能力，提高团队整体合作、协调作战的行动能力。

（二）选择团队学习的方式

团队学习的方式有很多，如开展团队培训、工作中相互学习交流、开展自我批评等都是有效的学习方式。

在团队学习中，团队应根据自身的情况，选择适当的学习方式，或者将几种方式相结合，主要以实现团队学习效果最大化为目的。

下面介绍一种团队学习的方式——双环学习。

双环学习是团队学习的有效方法。其有效性主要体现在不是就某一问题解决某一问题的"单环学习"，而是通过对解决某一问题的反思，找出隐藏在行动背后的深层原因，达到既解决当前问题，又杜绝今后同类问题不再发生的目的。

一要善于反思；二要善于系统思考；三是学后要有新行为。企业开展团队学习时应把握好这一有效学习方法。

（三）加强团队学习的领导

拥有学习型领导，即积极地引导团队学习的领导是团队学习中的重要一环，团队学习力的提高、效果的实现与领导的积极参与密不可分。

因此，团队领导应发挥模范带头作用，带动全体成员共同参与，促进沟通与创新，保证学习计划的实现，营造出安全、舒适、积极的学习环境，进一步凝聚团队精神。

（四）营造团队学习的氛围

团队管理者不但要积极参与学习，还要努力增进团队学习的积极性，不能用高压与逼迫的方式，而应该以关心和谐的态度去动员员工学习，使学习组织具有开放性与协调性。

另外，管理者还要建立完善的学习制度，使员工乐于学习、主动学习，为实现组织目标而不断丰富、完善自己。

第二节 提高团队学习能力的 3 个寓言

一、鼠学狗叫吓跑猫

? 团队成员应如何认识学习的重要作用

? 管理者如何带动团队进行积极的学习

鼠学狗叫吓跑猫

在一个漆黑的晚上，老鼠首领带领着小老鼠外出觅食。在一家人的厨房内，它们发现垃圾桶中有很多剩余的饭菜，这对于老鼠来说就像宝藏一样。

正当一大群老鼠在垃圾桶附近大吃之际，突然传来了一阵令它们肝胆俱裂的声音，那就是一头大花猫的叫声。震惊之余，它们四处逃命，但大花猫穷追不舍，终于有两只小老鼠被大花猫捉到，正要成为大花猫的盘中美食之际，突然传来一连串凶恶的狗吠声，吓得大花猫手足无措，丢下小老鼠狼狈逃命去了。

大花猫跑了以后，老鼠首领悠悠然从垃圾桶后面走出来说过："我早就对你们说过，多学一种语言很重要。"

从此，鼠群掀起了学习之风，老鼠们不但向首领学习狗吠，还偷偷学习猫叫、研究躲避蛇的技巧等，鼠群的日子也越来越好过。

- 学习是团队成员打开问题之门的钥匙。只有不断学习，团队成员才能源源不断地积累解决问题和进行创新的方法与技能。
- 管理者要想提高整个团队学习的积极性，必须从自身做起，以身作则，并通过适当的时机告诉团队成员学习的重要性，只有这样才能收到较好的效果。

二、雉鸡练习终飞跑

? 团队成员如何通过学习抓住机会

? 团队成员如何才能保持学习动力

雉鸡练习终飞跑

　　雉鸡妈妈正在给宝宝喂食，正巧有一猎人经过，雉鸡一家不幸被猎人捉回家，关在同一个鸟笼里。

　　雉鸡妈妈非常生气，但又没有办法，于是每天教四个宝宝练习飞行动作，希望能够有机会飞走，摆脱牢笼的束缚。

　　虽然被锁着，但是雉鸡妈妈还是让宝宝每天坚持练习飞行，一只金尾雉疑惑地问妈妈："我们被关在这里，往哪儿飞呀？每天练习这么辛苦有用吗？"雉鸡妈妈说："孩子，咱们是鸟类，是鸟类就应该学会飞行的本领啊！有了本领，只要有机会就肯定能用得上！"于是四个雉鸡宝宝每天坚持在鸟笼中练习飞行动作，把一双翅膀练得强劲有力。

　　有一天，猎人家调皮的小猫把鸟笼打开了，雉鸡妈妈带着已经长大的雉鸡，扇动着它们强劲有力的翅膀，迅速冲出鸟笼，飞回了山林。

♦ 机会总是留给不断学习的人，团队也是一样。团队学习的速度只有大于变化的速度，才能有效应对变化，抓住稍纵即逝的机会。

♦ 团队成员学习时要有目标，并要坚信目标一定能够实现，只有这样才能够保持较强的学习动力，最终取得成功。

三、山雀胜过知更鸟

? 团队成员在学习中如何互相帮助

? 团队成员应该怎样提高学习效率

山雀胜过知更鸟

　　一天，晨练的山雀发现，家家户户的窗台上都放着没有封口的瓶子，不知里面装的什么。一只大胆的山雀飞到瓶前，冲着瓶口里面啄了一下：甜丝丝的，味道好极了！于是它立即召集同伴们来品尝，还告诉了它的好朋友知更鸟，从此，山雀和那只知更鸟每天都可以喝到美味的饮料。

　　可好日子没过多久，这天，山雀们照常去附近居民家喝饮料，可瓶口被封住了，原来人们为了阻止鸟们偷喝，用铝箔将瓶口封了起来。怎么办呢？众山雀禁不住美味的诱惑，但又想不出什么好办法。还是那只大胆的山雀，又飞到一只瓶子前，用尖尖的嘴巴去啄瓶口的铝箔，结果铝箔居然破了，它又喝到了美味的饮料。于是，这只山雀开始教它的伙伴们啄破铝箔的技巧，而且当某只山雀发明了新的啄法后也会与其他山雀沟通，就这样，山雀家族每天还能喝到香甜可口的饮料。

　　然而，知更鸟却不像山雀家族这样，瓶口封住之后，不知道该怎样喝到饮料，即便偶有知更鸟啄破封口，其他的鸟也无从学习，因为它们是独居动物。

- 团队成员在学习中互相帮助，分享经验，有利于提高团队的整体素质，进而提高团队效率。
- 团队成员在学习中如果互相封闭，高效率的方法和技能就无法在团队内部得到快速传播，结果只能是降低每个成员的学习效率，影响团队目标的实现。

第三节　提高团队学习能力的 **6** 个故事

一、学生为何不再笑

？团队成员如何看待书本知识的作用

？团队成员需要树立怎样的学习观念

　学生为何不再笑

　　一群快要毕业的机械系大四学生信心十足地走进教室，这是他们在学校参加的最后一次考试。等教授把考卷发下来后，他们发现考卷上只有五道论述题。

　　两个小时过去了，学生们一开始的那种轻松的神情不见了，取而代之的是愁容满面。教授手里拿着收上来的考卷，笑着问道："这是你们毕业前的最后一次考试，这些题目都是我们在实际操作中遇到的。你们当中有几个人把五道题全答完了呢？"

　　所有的人都没有说话。

　　"那么，有谁答完了四道呢？"

（续）

还是没有人说话。

"三道呢？两道？那总该有人做完了一道题吧？"

仍然没有一个人说话。

教授也不再笑了，他抖动着手中的考卷，严肃地对学生们说："即使你们完成了四年的大学教育，有许多的问题你们也不知道，其实你们的学习才刚开始。"

- ✎ 团队成员需认识到书本知识只是学习的一部分，实践中还需要学更多的知识，因此，只有不断提高自己的自学能力，才能使自己的才能得到快速增长。
- ✎ 书山有路，学海无涯。团队成员要知道知识的增长已经超出了人类的想象，因此必须树立终生学习的正确观念。

二、博士为何水里跳

? 管理者如何看待学历与能力的关系

? 团队成员应持有什么样的学习心态

博士为何水里跳

某博士毕业后被分到一家研究所工作，他成为了研究所里学历最高的一个人。

有一天他到单位后面的小池塘去钓鱼，正好正副所长在他的一左一右，也在钓鱼。

他只是微微点了点头，和这两个本科生有啥好聊的呢？

（续）

> 不一会儿，正所长放下钓竿，伸伸懒腰，蹭蹭蹭从水面上飞也似的走到对面上厕所。
>
> 博士瞪得眼睛都快掉下来了。水上飘？不会吧？这可是一个池塘啊。
>
> 正所长上完厕所回来的时候，同样也是蹭蹭蹭地从水上"飘"回来了。
>
> 怎么回事？博士生又不好去问，自己是博士生呐！
>
> 过一阵，副所长也站起来，走几步，蹭蹭蹭地"飘"过水面上厕所。这下子博士更是差点昏倒："不会吧，我到了一个江湖高手集中的地方？"
>
> 博士生也内急了。这个池塘两边有围墙，要到对面上厕所需要绕十分钟的路，而回单位上厕所又太远，怎么办？
>
> 博士生也不愿意去问两位所长，憋了半天后，他也起身往水里跨："我就不信本科生能过的水面，我博士生不能过。"
>
> 只听"咚"的一声，博士生栽到了水里。
>
> 两位所长将他拉了出来，问他为什么要下水，博士生问："为什么你们可以走过去呢？"
>
> 两位所长相视一笑，说："这池塘里有两排木桩子，由于这两天下雨涨水就看不到了。我们都知道这木桩的位置，所以可以踩着桩子走过去。你怎么不问一声呢？"

启思

✎ 学历代表过去，只有学习能力才能代表将来。团队成员只有虚心学习，才能少走弯路。

✎ 三人行，必有我师。团队成员要保持积极的学习心态，碰到强于自己的人要虚心请教，碰到不如自己的人也要谦虚点，只有这样才能不断提高自己的水平和能力。

三、优点必须要找到

目标

❓ 团队成员对学习应该持有怎样的态度

❓ 管理者应如何指导团队成员进行学习

故事　**优点必须要找到**

　　某商场的老板每周都会带着他的主要干部去逛别的商场，每次都只有一个任务：每个人要发现一点别人比自己强的地方。

　　要是这个人总也找不出别人的优点，那他以后就别去了，当然他也就不可能在这家商场再干下去了。一个商场实在找不到优点了，就去另一家。

　　当然了，找优点并不是为了给那家商场做宣传，而是要把它们变成自己的优势。

　　这就是一种永不满足、开放学习的心态！

启思

　✔ 团队成员要认识到学习是没有止境的，学习是无处不在的，学习是永不停止的。

　✔ 管理者要教育团队成员善于发现他人的长处，并通过积极学习将这种长处为我所有、为我所用，从而不断增强自身的竞争力。

四、学问研究在大牢

? 团队成员应如何发现和抓住学习机会

? 团队成员如何在学习中充分利用时间

学问研究在大牢

　　汉宣帝下了一道诏书，要为汉武帝立庙堂。朝中文武大臣大多齐声赞同，夏侯胜却据理反对，支持他的只有丞相长史黄霸一人。结果，二人双双被弹劾入狱，宣帝还要治他们死罪。

　　夏侯胜是位著名的学者，是研究《尚书》的专家。好学的黄霸觉得，能和这样一位博学多才的人朝夕相处真是难得，狱中无事，正是学习的大好时机。于是，他便请求夏侯胜："请你给我讲《尚书》好吗？"

　　夏侯胜听了，不禁苦笑道："你和我一样，都是犯下死罪的人，说不定明天就会被推出去砍掉脑袋，还有什么心思谈学问呢？再说，谈了又有什么用？"

　　黄霸诚恳地对夏侯胜说："孔子说过，'朝闻道，夕死可矣'，如果能在生前多学一些东西，那么死的时候也会感到心满意足，没什么遗憾。千万不要把宝贵的时间白白浪费掉啊！"

　　夏侯胜觉得黄霸说得很有道理，又被黄霸好学的精神所感动，便答应了黄霸的请求。于是，两个人把生死置之度外，专心致志地研究起《尚书》来。黄霸学而不厌，刻苦钻研，终于把深奥难懂的《尚书》吃透了。夏侯胜在教学中温故知新，又悟出了许多新见解。三年以后，因事态变化，他们都被释放出狱。这时，两人的学问都大有长进。

✔ 学习机会无处不在，团队成员应该善于发现。同时，团队成员应该认真对待每次的学习机会，身处逆境时也不能例外。

✔ 一寸光阴一寸金，寸金难买寸光阴。团队成员在学习时应充分利用时间，提高学习效率，珍惜可以学习的每一分、每一秒。

五、分开练兵有奇效

? 管理者如何进行团队学习中的分工

? 管理者如何加强团队学习中的合作

分开练兵有奇效

　　有两个将军即将领兵作战，可是因为长期的战争，老兵都伤亡殆尽了，现在每个人的手下几乎都是刚招募来的新兵。两位将军都在发愁新兵训练的事情。

　　赵将军觉得时间紧迫，新兵们需要学习的东西实在太多了，如骑马射箭、步行战斗、运送粮草等。于是他抓紧时间，日夜不停地训练新兵，可是由于新兵很难在短时间内学会这么多东西，效果并不好，赵将军很担忧。一天他派人打探李将军那边的训练情况，那人回来汇报说李将军对新兵只进行了日常的训练，并没有实行强化训练。这下，赵将军放心了，以为胜利是囊中之物了。

　　转眼到了决战之日。赵将军手下的士兵骑马、射箭、步战、操作攻城器械，样样都懂一点，可是没有一样精通的，并且相互之间缺乏配合。战斗开始了，只见李将军手下的士兵分工明确。他们各有所长，冲锋的骑兵个个骑术精湛，射箭的弓手个个百步穿杨，攻坚的攻城兵熟练地操作着各种器械，主力决战的步兵更是技艺优良。很快，赵将军的军队就败下阵来了。

（续）

赵将军后来一打听才明白，原来李将军一开始就依据各个士兵的特点将他们分成了许多小队，每个小队只学习一样本事，后来的时间则专门学习各兵种之间的配合。赵将军长叹一声："我败得心服口服。"

✒ 加紧学习，抓住中心，宁精勿杂，宁专勿多。团队需要的是众多相互配合的专才，而非博而不精的全才。

✒ 各自为战者易败，团结合作者易成。在团队学习中，只有成员相互之间都能够进行有效的配合，才可以共同学习、共同进步，产生"$1+1>2$"的效果。

六、集思广益效果好

❓ 管理者应如何听取团队成员的意见

❓ 团队成员如何互相学习方能取得最好的效果

 集思广益效果好

刘备死后刘禅继位，蜀国的大小事务实际上都是由诸葛亮处理的，他是蜀国实际的掌舵人。在人们的心中，他有极高的威望。尽管如此，诸葛亮并不居功自傲，十分注意听取部下的意见。

丞相府里有一个办理文书事务的人，他叫杨颙，他对诸葛亮什么事都要亲自过问

（续）

的做法提出了意见，他对诸葛亮说："处理国家军政大事，上下之间应当有不同的分工"，并举出一些历史上著名的例子，劝诸葛亮不必亲自处理一切文书，少插手一些琐碎的小事，对下属应各有分工，自己应该着重抓军政大事。

诸葛亮非常感谢杨颙的劝告和关心，但他总觉得重任在身，许多事不得不亲自处理。后来杨颙病死，他非常难过，写了一篇文章，号召大家主动发表见解，这篇文章就是《参与军士长史参军属》。他在文章中写道："丞相府里让大家都来参与议论国家大事，是为了集中众人的智慧和意见，广泛地听取各方面有益的建议，从而取得更好的效果。"

✎ 管理者听取更多团队成员好的建议有利于更好的决策。

✎ 管理者可以建立意见收集制度。

第四节 提高团队学习能力的两个游戏

一、行为循环四阶段

❓ 激发游戏参与者的学习动力，使其保持良好的学习心态

❓ 帮助游戏参与者了解行为循环四阶段对人的影响

行为循环四阶段

人数	全体参与	时间	15分钟~20分钟
场地	会议室	用具	内容为"行为循环"的幻灯片
游戏步骤	1. 播放幻灯片，显示"行为循环"的四个阶段。 　行为循环第一阶段：无意识、无能力； 　行为循环第二阶段：有意识，无能力； 　行为循环第三阶段：有意识，有能力； 　行为循环第四阶段：无意识，有能力。 2. 培训师给大家讲解四个阶段的意思（参考附件），并作引导性的提问。		
问题讨论	1. 听完行为循环的介绍，你认为自己正处在哪个阶段？ 2. 哪些原因促使你下定决心来参加今天的课程？ 3. 在这次培训中，你最渴望获得哪方面的提升？ 4. 你有哪些有效的方法，可以确保课后将所学到的知识持续地付诸实践？ 5. 谈谈你对"学习型个人和学习型团队"的理解？		

　　附件

"行为循环"的背景知识介绍

1. "无意识、无能力"

　　身处这个阶段的人们，虽然缺乏某种能力，却没有察觉，仍然自我感觉良好。因此，这个阶段也称做"幸福的无知阶段"。处于此阶段的人往往是被迫来接受培训的，培训师面对这些学员时应及早采取行动，如让他们处理（与培训主题相关的）棘手的问题、去完成那些"几乎不可能完成"的任务，从而促使他们进入行为循环的下一个阶段。

2. "有意识、无能力"

　　处在这个阶段的人们，虽然依旧缺乏某种能力，但他们已经感觉到了问题的存在。也许是工作中突然遇到了难题，也许是遇到了某种挫折，也许是经历了某种失败的刺激，总之，他们开始想改变某种状况。培训时，处于这个阶段的人通常是最积极的，因为有某些问题急需解决，所以他们的学习动力非常强，对课程的参与度也非常高。

（续表）

3. "有意识，有能力"

处在这个阶段的人们，不仅具备了意识，而且具备了能力，这听起来"几乎"是完美的，但只是"几乎"而已。

当培训结束，绝大多数学员就处在了这个阶段。他们拥有了新的能力，却还不能熟练掌握。在实践中，他们也许还要参考一下课堂笔记。

处于这个阶段的人们，如果持续地努力实践，在不知不觉中就会进入第四个阶段；如果他们实践的过程虎头蛇尾，用不了多久就会退回到第二阶段。

4. "无意识，有能力"

达到此阶段的人们已经不再拘泥于笔记和步骤了。他们不需要刻意思考，就可以轻松地应对问题。例如，学开车的人到达熟练程度时已经不用再刻意去想操作步骤，就可以轻松自如地驾驶了。

接受过培训的人们到了这个阶段，才真正可以算是修成了"正果"。

5. 往复循环

当人们终于到达第四阶段后，接下来又会发生什么呢？也许人们不愿意承认（这之间也许要经历一星期、一个月或者更久），但可以确定的是，他们一定会又回到"幸福的无知阶段"。别忘了，处在第一阶段的人们，自己是感觉不到的。

由此可见，学习不是一劳永逸的事情，拥有"终生学习"观念的个人和组织是多么的明智。

语录

● 学习是为未来蓄积力量，明智的管理者不会让自己的团队原地踏步，他们会不断在团队中强调学习、学习、再学习。
● 团队唯一持久的竞争力是具备比竞争对手学得更快、学得更多的能力。

二、培训效果的演示

？ 展示培训将给个人及组织带来的各种变化

？ 巧妙说明团队成员及团队学习的重要性

培训效果的演示

人数	全体学员	时间	5~10分钟
场地	会议室	用具	一杯水、一大瓶水、钢笔
游戏步骤			

| 游戏步骤 | 1. 在培训即将结束的时候,培训师将一杯水和一大瓶水放到桌子上。
2. 培训师拿一支钢笔,将一滴墨水滴到小杯水中,之后用钢笔搅动杯中的水。
3. 当墨水使杯中水的颜色逐渐改变的时候,培训师对大家说:"此刻的水就好像此刻的你们——刚刚接受过培训,不论是知识、能力,还是态度都发生了很大的改变。"
4. 培训师将杯中水倒入大瓶水中,这时杯中水的颜色被大瓶的水稀释了,颜色要比刚才浅了许多。培训师这时对大家说:"此刻的水就好像你们回到了工作场所——接受过培训的学员之后都会回到自己的工作环境中去。"
培训师如果想增强效果,可将游戏继续进行。
5. 接下来,培训师将大瓶中的水倒一杯出来,再次滴了一滴墨水,用钢笔搅动,杯子中水的颜色这时变得更深了。培训师随后对大家说:"此刻的水好像又有一个人来参加了培训——同样他的知识、能力以及态度也发生了很大的改变。"
6. 培训师接着问大家:"当这个人回到工作岗位后会怎么样呢?"
7. 在学员回答的同时,培训师将杯中水再次倒入大瓶中,整个大瓶子的水比之前的颜色深多了。如果不断重复这个过程,整个组织就一定会发生这样的变化,虽然这种变化发生的速度比较缓慢。 |

（续表）

问题 讨论	1. 你从这个游戏中获得了哪些启发？ 2. 在现实中，你有没有同感？ 3. 如何才能加速培训对组织变化的影响速度？
培训 技巧	1. 此游戏可以在培训开场时使用，激励学员尽可能地"将水的颜色加深"。 2. 此游戏也可以在培训结束时使用，引发学员更多的思考。

语录

★ 每位团队成员都可以影响自己身边的人，合作、互学、共享的集体性学习不仅有助于团队成员提高自己的水平，更有助于提高团队的整体能力。

★ 团队学习是培养企业竞争力的有效方法，管理者不仅要建立学习型团队，更需要形成好的团队学习氛围。

PART

11

第十一章

提高团队压力管理能力

在团队中，团队压力管理能力是指管理者缓解团队过重压力及将团队压力成功转化成动力的能力。请通过下列问题对自己的该项能力进行差距测评。

1. 你如何认识团队压力？
   A. 团队成员共同承担的压力　　　　　B. 团队成员压力之和
   C. 团队管理者面临的压力

2. 你如何辨证地看待团队压力？
   A. 压力是动力之源　　　　　　　　　B. 压力有积极的一面
   C. 压力不可过大

3. 作为团队管理者，面对突如其来的压力，你该如何应对？
   A. 告知所有成员，共同承担　　　　　B. 告诉主要成员，共同分担
   C. 自己承担

4. 作为团队管理者，当遇到较大压力时，你会怎样？
   A. 将压力进行分解　　　　　　　　　B. 与核心成员共同承担压力
   C. 自己独自承担压力

5. 你如何帮助团队成员提高压力管理能力？
   A. 加强专业训练　　　　　　　　　　B. 和团队成员一起寻找压力源
   C. 帮助团队成员解决问题

6. 作为团队管理者，你如何打造轻松的工作氛围？
   A. 提高团队的整体工作能力　　　　　B. 协调工作，共同抗压
   C. 通过各种活动减压

7. 你如何认识压力与动力的关系？
   A. 矛盾的统一体　　　　　　　　　　B. 压力就是动力
   C. 压力也许可以转化为动力

8. 作为团队管理者，你如何通过内部竞争提高团队效率？
   A. 保持适度压力，公平竞争　　　　　B. 通过压力管理制度加以实现
   C. 鼓励全员竞争

9. 作为团队管理者，你如何帮助团队成员缓解压力？
   A. 积极组织团队业余活动　　　　　　B. 加强团队内部交流
   C. 与其沟通，进行开导

10. 你如何实现自我减压？
    A. 寻找压力源，学习提高　　　　　　B. 适度放松和休息
    C. 转移注意力

选 A 得 3 分，选 B 得 2 分，选 C 得 1 分
24 分以上，说明你的团队压力管理能力很强，请继续保持和提升。
15~24 分，说明你的团队压力管理能力一般，请努力提升。
15 分以下，说明你的团队压力管理能力很差，亟需提升。

第一节 团队压力管理能力培养与训练提高

一、压力太大就会垮

团队压力是团队在追求目标的过程中由于适应力与所处环境的不平衡而产生的。对团队成员而言，压力就像弹簧，压力大，利用得好，动力也大，但也要有限度，否则将变成包袱，所以团队要保持适当的压力。

> 有个农夫每天早上都要把货物运到集市上卖，于是他买了一头驴。
>
> 第一天，他让驴子驮了20斤的货物，驴子走了三个小时，到达了集市。
>
> 第二天，他让驴子驮了50斤的货物，驴子走得快了，只用了两个半个小时，就到达了集市。
>
> 第三天，他让驴子驮了80斤的货物，居然只用了两个小时就到达了集市。
>
> 农夫喜出望外，原来驴子驮的货物越重，跑得越快。
>
> 第四天，他给驴子的背上放了200斤的货物。结果没走出半个小时，驴子就累倒在了路上。

驴子身上的货物就像团队成员面对的压力，货物越重表示压力越大，驴子想把身上的货物卸掉，就需要尽快到达目的地，所以，它驮上货物后，自然会走快，压力就会转化成动力，驮得东西越重，走得就越快。但货物过重，超过了驴子的负荷，驴子背不动了，就会走得慢，甚至被压倒。团队的压力管理就是管理者为了有效预防团队压力的负面影响，解决团队压力带来的问题，并利用压力的积极因素，引导团队产生积极而有效的反馈。

二、压力管理五方面

压力在团队工作的过程中无处不在，关键是如何进行团队压力管理。这就需要管理者用企业文化主动引导，有组织地释放团队压力，将压力转化为动力，从而达到有效执行的目的。

（一）保持适当的团队压力

适当的团队压力可以帮助团队成员克服惰性，将惰性转化为工作的动力。管理者要不断地强化竞争意识和竞争机制，使团队成员在压力下能够更积极地投入工作。但把压力转化为动力的关键还在于团队成员对待压力的态度，需要靠其责任感和事业心来推动。

变压力为动力的出发点是减轻团队的"负载"。管理者化解团队压力可通过团队各成员所承担的责任来进行，即根据工作任务的轻重缓急，指导团队成员放下那些不重要的工作，同时建立科学的激励机制，保证压力能够成功转化为动力。

（二）增进团队沟通协作

团队成员间的交流和沟通是释放压力的一种重要的渠道。

团队领导者要定期和团队成员进行沟通，及时解决出现的问题，这样领导者就能及时了解团队成员所需要的资源及其面临的困难并帮助其解决。

团队成员相互间也需加强沟通，只有沟通才有理解，有理解才会有更好的协作，从而极大地拓展团队成员看待问题的视野，这样解决问题便会易如反掌。

（三）积极组织团队活动

团队应适时地组织一些集体活动，如聚餐、旅游和娱乐活动等。团队活动不仅能够帮助团队成员放松身心、摆脱压力的束缚，还能够促进成员之间的交流，改善沟通，增强其工作热情。

（四）加强团队专业训练

专业训练在很大程度上能帮助团队成员缓解压力，因此管理者可以通过培训增强团队成员应对压力的能力。

实施有效的培训，加强团队的专业化训练，能够提高团队整体业务水平，以适应各种业务的需要，从而使团队更好地应对压力。

（五）创造轻松环境氛围

轻松的环境氛围对缓解压力、促进工作同样可以起到非常大的作用。因此，团队的领导者要为团队成员创造一个较为宽松的工作环境，示例如下。

1. 办公室和工作间可以完全按照团队成员自己的喜好装饰。

2. 开设聊天室、休息室等，提供放松和交流的场所。

3. 建立活动室，购置乒乓球台、棋类、扑克等，供团队成员闲暇时放松之用。

在竞争不断加剧的今天，人们工作和生活的压力越来越大，管理者只有正视压力对团队的影响，充分发挥团队的优势，积极地开展自我减压与团队减压，才能有效地提升团队的战斗力，打造一支优秀的团队。

第二节 提高团队压力管理能力的 3 个寓言

一、大象公司颁新规

? 管理者应从何种渠道了解团队成员的压力状况

? 管理者如何针对团队成员的压力实施压力管理

大象公司颁新规

　　大象公司在动物的企业界享有很高的荣誉，这与大象老板的管理和企业员工的共同努力是分不开的。但是大象老板发现，尽管公司业绩仍在上涨，但增长幅度却在下降。据人力资源部经理狐狸小姐报告，员工的工作积极性并不高，出现了上班睡觉甚至背后辱骂大象老板的情况。

　　经过与员工谈话，大象老板找到了问题所在。原来，公司制定的任务额，被员工称作"不可能完成的任务"，员工为完成任务天天加班，以至于它们最想做的事就是睡觉。

　　于是大象老板发布以下规定：

　　1. 员工的任务额下降十个百分点；

　　2. 员工如果晚上加班必须经过大象老板的批准；

　　3. 员工每周开一个"老板指责会"，大象老板不出席会议，大家可以在会上口头向老板提意见，但是禁止在其他时间公开或私下谩骂领导。

　　在规定实施后，员工的"疲态"没有了。最终它们甚至完成了原来"不可能完成的任务"。

▶ 管理者应与团队成员保持顺畅的沟通，及时了解团队成员面临的压力，努力寻找压力的来源并消除产生压力的消极因素。

▶ 面对团队成员的抱怨，管理者需要的是倾听而不是批评，同时通过建立有效的压力管理机制疏导团队成员的工作压力。

二、马不帮驴终后悔

? 管理者如何帮助团队成员减轻压力

? 管理者应如何对团队压力进行分解

马不帮驴终后悔

主人有一头驴子和一匹马。

有一天，它们一起去搬东西。由于主人爱惜自己的马，就把大部分东西让驴子驮着。

路上，驴子太累了，它请求同行的马替它分担点儿背上的东西，但是马不肯帮忙。

不久，驴子因为劳累过度而死。主人便把驴子驮的东西全部搬到马的背上，压得马喘不过气来。

马这才后悔，呻吟道："我竟然做了这么蠢的事，当初我要是帮助驴子分担一些，现在也不至于落到如此地步啊。"

❥ 团队之中不分彼此，帮助他人，也是在帮助自己。团队成员应该互相帮助、同心协力，一起面对压力。

❥ 压力压在一个人身上是重担，压在几个人身上是负担，而压在所有团队成员的身上则可能变成一根稻草，管理者应该学会分解压力。

三、小鸟为何飞不起

❓ 管理者应怎样认识没有压力的后果

❓ 管理者如何为自己施加合适的压力

小鸟为何飞不起

　　一只小鸟被人养在花园里，久而久之，小鸟怎么也飞不起来了。

　　一天，小鸟见一只雄鹰正从天上飞过，心想：雄鹰那么笨重，而自己的身体是如此轻巧，为什么自己飞不起来呢？

　　小鸟把这个想法告诉雄鹰，雄鹰问："你感觉自己飞不起来的最大负担是什么呢？""最大负担？"小鸟说，"我每天都被主人宠着，吃喝不愁，悠闲得每时每刻都无所事事，我从来都感觉不到身上有任何负担。"

　　听了小鸟的话，雄鹰明白了小鸟飞不起来的真正原因。

❥ 生命的最大负担是没有任何负担。没有压力的人是不会产生动力的，因此就永远不会进步。

❥ 善于给自己施压的人，不会因压力过大而崩溃，也不会因没有压力而堕落。管理者要善于给自己选择适当的压力，这样也就有了足够的前进动力。

215

第三节　提高团队压力管理能力的 5 个故事

一、羚羊强健因为狼

目标

❓ 管理者如何应对来自竞争对手的压力

❓ 管理者如何将压力转化成团队的动力

故事　　羚羊强健因为狼

非洲大草原的奥兰治河两岸有着基本相同的环境，那里生活着许多羚羊。但动物学家们发现了一个奇怪的现象：东岸的羚羊不仅每分钟奔跑的距离比西岸的羚羊快 13 米，而且繁殖能力也比西岸的羚羊强。

为了研究两岸羚羊的不同之处，动物学家们在两岸各捕捉了 10 只羚羊，然后把它们进行了互换。

一年后，由东岸送到西岸的羚羊繁殖到了 14 只，而由西岸送到东岸的羚羊则只剩下 3 只。这是什么原因呢？

经过分析，动物学家们终于找到了原因。原来，东岸不仅生活着羚羊，在其附近还生活着一群狼，为了不被狼吃掉，羚羊不得不每天练习奔跑，使自己强健起来；而西岸的羚羊因为没有狼群的威胁，过着安逸的生活，结果奔跑能力不断降低，体质也不断下降了。

- 没有压力的团队往往过于脆弱，团队成员只有经过压力洗礼，才能具有坚强的意志和强大的生存能力。
- 竞争是促进团队前进和发展的重要因素，管理者应在团队中建立竞争机制，构筑竞争氛围，用竞争产生的压力促进团队快步前进。

二、失去主力反更强

? 团队成员如何通过相互间的合作化解压力

? 管理者如何才能使团队成员积极面对压力

　失去主力反更强

　　2006年男篮世界锦标赛的决赛在西班牙队同希腊队之间展开。场均21.3分、9.4个篮板以及超过两次封盖的西班牙头号球星加索尔在半决赛中受伤，只能在场边观战。这使得西班牙队的对手、创造了淘汰美国队希腊队被普遍看好。但背水一战的西班牙队展开令人窒息的防守，以惊人表现强势出击，他们虽然失去了加索尔超强的个人能力，却更加团结和配合，把以稳定著称的希腊队打了个措手不及，最终以70：47的悬殊比分取得胜利，夺得了西班牙队的第一个世界冠军。

- 团队精神能激励团队成员敢于迎难而上，积极进行团队协作。它是团队直面压力，努力实现团队目标的精神力量。
- 面对压力，团队成员通力合作，拧成一股绳，就能形成无坚不摧的力量，再大的压力也无法阻挡团队前进的步伐。

三、笑脸管理很有方

? 管理者如何找到压力的最终来源

? 管理者应该营造怎样的团队氛围

笑脸管理很有方

　　有一家公司曾一度生产滑坡，利润大幅下降。后来，董事会聘请詹姆斯任总经理，企业很快起死回生。

　　詹姆斯发现，员工们其实都想把生产搞上去，但是由于任务繁重又缺乏沟通，员工承受着巨大的工作压力，导致工作效率低下。詹姆斯对症下药，但使用的方法却很简单。他在工厂里到处贴上这样的标语："如果你看到一个人没有笑容，请把你的笑容分些给他""只有快乐地工作，才能取得良好的收益""与他人一起交流分享你的快乐吧！"并在标语下签下了自己的名字。

　　平时，詹姆斯总是春风满面，笑着同人打招呼，笑着向工人征询意见。他还把每位员工带着微笑的照片贴在海报栏里供人欣赏。员工们也在这样的环境氛围中，增加了沟通和交流，同时以更加饱满的热情投身到工作中去。在詹姆斯的笑脸管理下，两年后，工厂的生产效率提高了50%。

- 微笑是缓解压力最好的武器，管理者要鼓励团队成员多些笑容，建立轻松愉快的工作氛围。
- 对症下药，方能药到病除。管理者只有找到团队的压力来源，才能正确应对压力带来的消极影响。

四、内部竞争提产量

? 管理者如何通过竞争压力来激励团队成员

? 管理者在团队内部应建立怎样的竞争机制

内部竞争提产量

　　美国钢铁大王安德鲁·卡内基聘请查理·斯瓦伯为该公司的第一任总裁。上任不久，斯瓦伯发现公司的一家钢铁厂产量落后是由于工人懒懒散散、工作不积极造成的。

　　于是在一次日班快下班的时候，斯瓦伯拿了一支粉笔来到生产车间，问日班的领班："你们今日炼了几吨钢？"

　　领班回答："6吨。"

　　斯瓦伯用粉笔在地上写了一个很大的"6"字，便默不作声地离去。

　　夜班工人接班后，看到地上的"6"字，好奇地问是什么意思。交班的工人说："总裁今天来过了，问我们今天炼了几吨钢，他听领班说6吨后，便在地上写了一个'6'字。"

　　次日早上，斯瓦伯又来工厂，他看到昨天地上的"6"字已经被夜班工人改写为"7"字了。

　　日班工人看到地上的"7"字，知道输给夜班工人，心里很不是滋味，他们决心超过夜班工人，大伙儿加倍努力，结果那一天炼出了10吨钢。

　　在日夜班工人不断地竞赛之下，这家工厂的情况逐渐改善。不久之后，其产量竟然跃居公司里所有钢铁厂之首。

- ✒ 竞争带来压力，压力产生动力，动力激发潜力。管理者要善于制造团队内部相互竞争的局面，促使团队成员在竞争压力下充分发挥潜能。
- ✒ 团队压力的重要来源是竞争的压力，管理者需要因势利导，充分运用团队竞争的积极因素，使团队成员把压力转化为动力。

五、战胜风暴靠船长

? 管理者如何看待压力和命运的关系

? 管理者如何通过压力成为坚强的人

战胜风暴靠船长

　　有一位经验丰富的老船长，当他的货轮卸货后在浩瀚的大海上返航时，突然遭遇了可怕的风暴。水手们惊慌失措，老船长果断地命令水手们立刻打开货舱，往里面灌水。"船长是不是疯了，往船舱里灌水只会增加船的压力，使船下沉，这不是自寻死路吗？"一个年轻的水手嘟囔。

　　看着船长严肃的表情，水手们还是照做了。随着货舱里的水位越升越高，随着船一寸一寸地下沉，依旧猛烈的狂风巨浪对船的威胁却在一点一点地减少，货轮渐渐平稳了。

　　船长望着松了一口气的水手们说："百万吨的巨轮很少有被打翻的，被打翻的常常是根轻的小船。船在负重的时候，是最安全的；空船时，则是最危险的。"

> 🗡 那些得过且过、没有一点压力的人，像风暴中没有载货的船，一场人生的狂风巨浪便会把他们打翻。
>
> 🗡 岁寒，然后知松柏之后凋也。岁不寒无以知松柏，事不难无以见君子。只有经历过并且战胜过压力的人才可以成长为坚强的人。

第四节　提高团队压力管理能力的 3 个游戏

一、压力和快乐传递

？ 管理者如何看待在压力下负面情绪传递的可怕效果

？ 管理者如何处理由于压力而产生的焦虑和恼怒情绪

压力和快乐传递

人数	30 ~ 50 人	时间	20 分钟
场地	室内场地	用具	无
游戏步骤	第一轮 1. 所有学员围成一圈，并且闭上眼睛，培训师在由学员组成的圈外走几圈，然后拍一下某个学员的后背，确定"压力源"。注意尽量不要让第三者知道这个"压力源"是谁。		

游戏 步骤	2. 学员们睁开眼睛并散开，培训师告诉他们现在是一个酒会，他们可以在屋里任意交谈，和尽可能多的人交流。 3. "压力源"的任务就是通过眨眼睛的动作将不安情绪传递给屋内其他三个人，而任何一个获得眨眼睛信息的人都要将自己当作已经受到不安情绪感染的人，一旦被感染，他的任务就是再向另外三个人眨眼睛，将不安的情绪再次传染给他们。 4. 五分钟以后，让学员们都坐下来，让"压力源"站起来，接着是那三个被他传染的人，再然后是被那三个人传染的人，直到所有被传染的人都站起来，大家会惊奇于压力下不安情绪传染的可怕性。 第二轮 5. 培训师告诉学员们已经找到了治理不安情绪传染的有效措施，那就是制造"快乐源"，即用真挚柔和的微笑来冲淡大家因为不安所带来的阴影。 6. 培训师让大家重新坐下围成一圈并闭上眼睛，告诉大家你将会从他们当中选择一个学员作为"快乐源"，并通过微笑将快乐传递给大家，任何一个得到微笑的人也要将微笑传递给其他三个人。 7. 在学员的身后转圈，假装指定了"快乐源"，实际上你没有拍任何人的后背，然后让他们睁开眼睛，并声称游戏开始。 8. 自由活动三分钟，三分钟以后让他们重新坐下来，并让收到快乐信息的学员举起手来，然后让大家指出他们认为的"快乐源"，这时你会发现大家指向很多不同的人。 9. 培训师微笑地告诉大家实际上根本就没有指定谁是"快乐源"，是他们的快乐感染了他们自己。
问题 讨论	1. 不安和快乐哪一个更容易被传染？在第一轮中，当你被传染了不安的情绪，你是否会真的感觉到不安，你的举止会不会反映出这一点？第二轮的情形呢？ 2. 你和你的团队是否会遇到各种各样的工作压力，从而造成不安因素的传播？ 3. 在一个团队里面，因压力带给某个成员的不良情绪是否会影响到其他成员，是否会影响到团队的工作效率？ 4. 为了防止被过重的压力所影响，团队成员需要做些什么？

* 长期的阴郁情绪会让人对你敬而远之，所以保持一个健康的心态，时常以一个轻松快乐的面孔对人，这一点对于团队成员是至关重要的。
* 经常去一些快乐的地方，舒缓一下自己紧张的情绪，你会发现微笑其实很简单。
* 如果让你的伙伴一起分担压力，你就只剩一半的压力；而将不愉快的情绪传递给你的伙伴，你就会得到加倍的不愉快。

二、竞争压力下投篮

? 提高游戏参与者应对竞争压力的意识

? 让游戏参与者认识压力之下如何作业

竞争压力下投篮

人数	不少于6人	时间	30分钟
场地	篮球场地	用具	篮球两个

游戏内容	1. 培训师按照三人一组对学员进行分组。 2. 培训师向学员讲明规则：比赛选择两组队员，分别面对不同的篮筐进行投篮比赛，每组只有一个篮球，各组明确投篮顺序，并必须按照顺序依次进行投篮，投篮的有效区域可以在球场"三秒区"外的任意一点，但任何在"三秒区"内的投篮都为无效投篮。投篮后，篮球由本组队员捡回，交由下一位队员投篮，看两组队员在限定时间内的进球个数。

（续表）

游戏内容	3. 为每组分别设定裁判一人，由培训师计时，先不告诉两组队员限定时间是多少，比赛开始一分钟后，培训师喊"停"，由各组裁判统计出小组的有效投篮进球数量。 4. 接着，依旧让上两组队员进行比赛。培训师需要告诉大家，以一分钟的限定时间为限，各组必须投进五个球，进球多的组为赢，但如果两组都没有达到进五球的要求，两组皆为输。培训师申明这次比赛的奖惩方式：输球的小组队员要背着赢球的小组队员绕现场一圈；若两队皆输，相互各背跑一圈。 5. 再次比赛后，分别统计出各组的成绩。 6. 其他组分别按以上方式进行比赛。
问题讨论	1. 第二次投篮与第一次相比有怎样的变化？为什么会有这种变化？ 2. 同样是一分钟投篮，先告诉时间和后告诉时间在学员心里会产生什么样的变化？ 3. 奖惩制度是一种将压力转化为动力的有效机制吗？ 4. 正如投篮技巧和比赛的压力一样，工作中团队成员的工作能力和团队压力有怎样的关系？

语录

❀团队如果没有竞争的压力，团队成员就可能会不思进取，对待工作敷衍了事，这样就会断送团队的前途。

❀要想追求成功，就必须力争上游，这是人们最基本的欲望，也是团队成员最基本的工作动力。

三、缓压做个深呼吸

目标

❓ 帮助游戏参与者克服焦虑不安和不自信心理

❓ 提高游戏参与者自我解压和自我激励的能力

游戏　缓压做个深呼吸

人数	不限	时间	8～10分钟
场地	不限	用具	无
游戏步骤	1. 培训者向大家解释原理：当我们处理的问题变得棘手时，我们的呼吸常常会变浅。也就是说，我们过分地依赖陈旧空气。有意识地控制呼吸是控制自己心情的有效方式，确保你不时地充分呼气，是保证你血液中气体混合比例正常的简单方法。 2. 培训者向大家介绍和演示"两次呼气法"。当人们使劲将肺中的空气呼出的时候，肺里还残留着一些空气没有呼出，在两次呼气法中，尽力先呼出全部空气，在吸入空气之前，再用力地呼气一次。由于腹部吸进，所以身体这时有点蜷缩。这样做的意义在于重新调整呼吸系统，从而让大家不再依赖陈旧空气。现在开始做两次呼气。 3. 最后，给大家增加一些趣味节目，让他们大声说下列话语。 　　我是最棒的！嗨！嗨！我的左边是最棒的，嗨！我的右边是最棒的，嗨！我左边的左边，右边的右边都是最棒的，嗨！我们是最棒的！嗨！嗨！ 　　在说"嗨"字的时候尽量呼出空气；在说"左"、"右"方向的时候，扭头看所说的方向的人并轻拍他的肩膀，将上面的话重复说两次，要注意语速。			
问题讨论	1. 能够通过呼吸缓解你的压力吗？ 2. 在什么样的场合下，你更有可能不适当地呼吸？你应如何利用"两次呼吸法"作为快速的矫正措施？ 3. 两次呼气需要多长时间？你会在一天中的哪个时候用到"两次呼吸法"？ 4. 在压力面前，你会激励自己的团队说"我们是最棒的"吗？			

语录

❦ 对于个人来说，焦虑和紧张的情绪是有害的，对于一个团队来说同样如此。所以，如何使团队成员随时保持斗志昂扬的状态并摆脱焦虑不安的情绪是管理者应该做的。

❦ 人如同弹簧一样，在长时间的挤压之下就会失去韧性，很难恢复原来的样子，只有适当的压力才能保持最佳的状态。

PART

12

第十二章

提高团队危机管理能力

在团队中，团队危机管理能力是指管理者的团队危机意识及对危机识别、预防和有效应对的能力。请通过下列问题对自己的该项能力进行差距测评。

1. 作为团队管理者，你一般如何进行危机管理？
A. 想到最坏情况，进行预防　　　　　　　　B. 在执行中不断控制
C. 危机出现，立即处理

2. 作为团队管理者，你如何处理团队危机？
A. 启动危机处理方案　　　　　　　　　　　B. 成立危机应对小组
C. 自己亲自处理

3. 作为团队管理者，你如何让团队成员时刻保持危机意识？
A. 进行危机教育　　　　　　　　　　　　　B. 不断灌输危机意识
C. 放大危机的负面影响

4. 作为团队管理者，你能否在危机到来前做好准备？
A. 我总是有准备　　　　　　　　　　　　　B. 我时常有所准备
C. 我一般没有准备

5. 作为团队管理者，你一般通过什么识别危机？
A. 细节和迹象　　　　　　　　　　　　　　B. 预感和预测
C. 别人的提醒

6. 作为团队管理者，一般情况下你的危机处理结果是什么？
A. 我总能化危为机　　　　　　　　　　　　B. 我总是转危为安
C. 我能够减少危机的影响

7. 作为团队管理者，你一般准备几个危机应对方案？
A. 三个或更多　　　　　　　　　　　　　　B. 两个
C. 一个

8. 面对危机，你一般有怎样的情绪？
A. 我总是沉着冷静　　　　　　　　　　　　B. 我能够很快摆脱慌乱
C. 我总是显得情绪急躁

9. 作为团队管理者，你一般是通过什么方式找到危机解决的办法？
A. 团队成员集思广益　　　　　　　　　　　B. 自己的发现与思考
C. 他人的提醒与建议

10. 你是否经常在危机过后做经验总结？
A. 我通常会做　　　　　　　　　　　　　　B. 只有重大危机过后才做
C. 一般不做

选 A 得 3 分，选 B 得 2 分，选 C 得 1 分
24 分以上，说明你的团队危机管理能力很强，请继续保持和提升。
15～24 分，说明你的团队危机管理能力一般，请努力提升。
15 分以下，说明你的团队危机管理能力很差，亟需提升。

第一节　团队危机管理能力培养与训练提高

一、个体献身团队存

任何团队在执行过程中都会遇到逆境，甚至是危机。面临危机时，团队管理者需要有危机意识，具备解决危机的决断力。

> 有一个狩猎队把一群羚羊赶到了悬崖边，准备活捉全部羚羊。几分钟后，羚羊主动分成了两群：老羚羊一群，年轻羚羊一群。一只老羚羊走出羊群，向年轻羚羊群叫了一声，一只年轻羚羊应声跟老羚羊走到了悬崖边。年轻羚羊后退了几步，突然奔跑着向悬崖对面跳起，随即老羚羊紧跟着也飞了出去，只是老羚羊跃起的高度要低一些。
>
> 当年轻羚羊在空中向下坠时，奇迹出现了：老羚羊的身子刚好出现在年轻羚羊的蹄下，而年轻羚羊在老羚羊的背上猛蹬一下，下坠的身体又突然升高并轻巧地落在了对面的悬崖边，而老羚羊就像一只断翅的鸟，笔直地坠入了山涧。
>
> 试跳成功！紧接着，一对对羚羊凌空腾起，没有拥挤，没有争夺，秩序井然，快速飞跃。顿时，山涧上空划出了一道道令人眼花缭乱的弧线，那弧线是一座以老羚羊的死亡做桥墩的生命桥。那情景是何等的神圣！

团队在面临危机时需要的不仅仅是团结、协作，更重要的是果断的决定与敢于牺牲的精神。然而，许多团队并不能真正做到这些，所以会在危机到来的时候感到无所适从或力不从心，这就需要提高团队管理者的危机管理能力。

二、危机管理四步骤

团队的危机主要来自团队外部与团队内部两个方面，外部危机是由于市场环境、竞争、经济、政治、社会环境变化所产生的，这需要团队管理者时刻保持对危机的敏锐感；而内部团队危机是发生在日常运作过程中，由团队自身隐藏的问题产生的。

团队管理者为了更有效地应对外部和内部的危机，必须提高危机管理能力。管理者提高团队危机管理能力应按照以下四个步骤进行。

（一）团队危机预防

在日常工作中，管理者应注重培养团队成员的危机意识。预防外部危机应选择既经济又有效的办法，避免因付出大量资金而将团队置于危机当中。预防内部危机应采取谨慎的态度，防止泄密情况的发生，并通过组建危机处理小组，讨论、制订相关危机处理计划等方式来预防。

（二）团队危机识别

管理者对外部危机的识别应具有极强的敏感性，在日常工作中，管理者应通过团队内部分工对外部环境进行监测，并随时观察团队内部的情况。

（三）团队危机控制与解决

管理者可以利用或发掘可操控的资源来有效地控制危机给团队带来的负面影响，并根据整体环境结合团队各成员的协作、配合，快速、准确地解决危机。

（四）团队危机总结

危机过后，管理者应对危机以及处理方法等相关情况进行总结、分析，修改和完善危机预防计划，以使同类危机在今后能够更加及时、快速地被处理。在此过程中，管理者也可利用危机激励的方式来提高团队的内外部竞争力。

第二节　提高团队危机管理能力的 5 个寓言

一、群龟如何出瓦罐

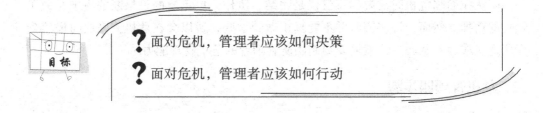

群龟如何出瓦罐

　　一群乌龟在一条小河里自由自在地游着，这时灾难突然降临，一只巨大的渔网将它们全部装了进去。

　　群龟本能地缩起它们的脑袋和手脚。四周是那样的安静，没有一点声响，年龄最大的乌龟开始小心翼翼地伸出它的脑袋，想观察一下周围的情况，这时它才发现，它们全部被关到了一个瓦罐当中。

　　这个瓦罐不是很大，也不是很高。老乌龟经过判断，发现周围的确没有任何危险，之后它推了推其他的小龟们。这时它们才发现所有的同伴都成了"瓮中之鳖"。

　　瓦罐又光又滑，它们手和脚不停地扒着瓦罐的壁，试图爬上去，可都无济于事。

　　只有那只老乌龟没有任何举动，因为根据它多年的经历，它心里十分清楚，这样做全都是徒劳的。经过苦思冥想，它终于想出了一个好主意。

　　老乌龟大喊一声："如果你们想从这个鬼地方出去的话，就不要再蛮干，全部听我指挥。"

　　老乌龟清了一下嗓子，继续说道："凭我多年的经验看，关住我们的是一个瓦罐，如果单靠我们每只乌龟的力量，是绝对出不去的，我们只有团结起来，才有可能出去。你们只有一个爬到另一个的背上，直到离罐口不远时，我们才能爬出去。"

　　大伙一听，觉得有道理，可是，每只乌龟都想先出去，没有一个愿意趴在最底下，所以大家迟迟没有行动。

　　老乌龟把身体向下一蹲，对大伙说："来吧，踩着我上去！"

　　老乌龟这一带头，大伙纷纷涌了上来，按照计划有条不紊地爬了出去，最后只剩下了老乌龟和另外两只小乌龟，无论如何也爬不出去。

　　无论是已经爬出瓦罐的乌龟还是仍然留在罐中的乌龟都很焦急，不知道下一步该怎么办。这时老乌龟对外面的乌龟喊道："把这个鬼东西推倒！"爬出罐外的小乌龟们立刻行动起来，不一会儿就推倒了这个瓦罐。

　　所有的乌龟都脱险了。

■ 当团队面临危机的时候，管理者果断的决策力与团队成员的迅速执行、大力配合，是战胜危机的必要条件。

■ 团队危机处理是技术和艺术的结合，如果处理得当，危机就变成了契机。管理者要争取通过危机增强团队成员的责任感和凝聚力。

二、奇迹怎样才出现

? 面对危机，管理者应该如何鼓舞团队的士气

? 管理者如何以行动来消除团队成员的悲观情绪

奇迹怎样才出现

有个牧人将刚挤的一桶鲜奶放在墙脚下，墙上的三只小青蛙打闹时不小心全部掉进了奶桶里，它们游也游不动，跳也跳不起。

第一只青蛙说："好端端地掉进牛奶里，我的命好苦啊！"然后它就漂在奶里一动不动，等待着死亡的降临。

第二只青蛙试着挣扎了几下，感觉一切都是徒劳，绝望地说："今天死定了，还不如死个痛快，长痛不如短痛。"于是它一头扎进牛奶深处，自己淹死了。

第三只青蛙什么也没说，只是拼命蹬后腿。

第一只青蛙说："算了吧，没用的，这么深的牛奶桶，再怎么蹬也跳不出去啊。"

"也许能找到什么垫脚的东西呢！"第三只青蛙说。

但是桶里只有滑滑的牛奶，根本没有什么可以支撑的东西，小青蛙一脚踏空，两脚踏空……时间一分钟一分钟地过去，小青蛙几乎想放弃了，但是一种本能的求生欲望支持着它一次又一次地蹬起后腿。它感到牛奶越来越稠，越来越难以游动……

（续）

慢慢地，奇迹出现了，牛奶硬起来了——在小青蛙拼命地搅拌下，牛奶变成了奶油块。等死的那只小青蛙兴奋地叫了起来，这时它的同伴已经差不多精疲力竭，可两只小青蛙还是奋力一跳，终于都跳出了奶桶。它们的另一个同伴却没能出来。

- ✔ 面对危机来临时团队士气低落的局面，管理者要能够帮助其他团队成员重燃希望，让整个团队的士气重新高涨起来。
- ✔ 面对危机，管理者要学会坚持，并用自己的行动来消除团队成员的悲观情绪，最终带领团队走出危险的境地，步入健康发展之路。

三、狼王为何加紧练

❓ 管理者应该如何应对外部竞争带来的危机

❓ 管理者应怎样帮助团队成员树立危机意识

狼王为何加紧练

一只身强体壮的年轻公狼战胜了来自狼群内部的所有对手，顺利地登上了狼王的宝座。做了狼王后，它更加勤勉，除了带领大家觅食、嬉戏，管理狼群内部事务之外，还组织群狼操练格斗技术、演练战斗阵型，因为在它们领地的边缘还有三个狼群正在虎视眈眈，伺机入侵它们的地盘。

经过狼王及群狼的努力，它们成功地发动了几次针对伺机来犯狼群的战斗，并赶走了它们，解除了这些狼群对自己领地的威胁。

（续）

领地的威胁解除了，群狼以为狼王这下可以松一口气了，大家也不必像从前一样辛苦了，可没想到狼王的训练强度却越来越大了。狼王不仅严格训练群狼，自己的锻炼强度也加倍了。群狼对此很不理解，于是派代表去请教狼王。

狼王了解到大家的困惑，便找了一个机会向大家说明了自己的想法。狼王说："我作为狼王有两个主要职责，一是保护并扩张我们的领地，使大家生活无忧；二是保住自己的王位，尽量使自己在狼王的位置上能待得久一点，这样不仅我的许多想法能够实现，而且可以多为狼群做一点事情。虽然我现在打败了所有的竞争者成了狼王，但新的竞争者会不断出现；虽然我们现在赶走了窥视我们领地的狼群，但必然会有更强大的敌人出现。我们只有不断提高自己的能力，才有立于不败之地的可能。我们的对手不是别人，而是自己。只有不断挑战自己，强迫自己提高，才能更有效地保护和发展自己。"

听了狼王的讲述，群狼恍然大悟。

- 未雨绸缪方能临雨不乱。外部竞争会带来危机，管理者应带领团队成员做好应对外部危机的充分准备。
- 生于忧患，死于安乐。团队管理者只有具备较强的忧患意识，并将这种意识传递给团队中的每位成员，才能在危机来临时做到临危不乱。

四、鳄鱼来了猴上岸

? 管理者应如何对团队成员进行有效的危机激励

? 管理者如何依靠发挥团队成员的潜能化解危机

鳄鱼来了猴上岸

　　一群猴子在河边的一棵树上摘香蕉，有一只小猴子为了摘稍远处的一挂香蕉而不小心掉进了河里。猴子们都不会游泳，看见在水里扑腾的小猴子却无能为力，只能在树上干着急。

　　一只老猴看着在水中挣扎的小猴，集中生智，大喊一声："快往岸边游，后面有鳄鱼来了！"小猴一听，赶紧拼命地用手划着水，居然游上了岸。

　　☑ 每个人都有无限的潜力亟待开发，用危机进行激励可以最大程度地发挥团队成员的潜能。

　　☑ 管理者只有充分了解团队成员的潜能，才能在危机中依靠激发团队成员的潜能来化解危机，使团队转危为安。

五、公牛难与老鼠战

? 管理者应如何识别危机

? 管理者应如何解决危机

公牛难与老鼠战

公牛被老鼠咬了一口，非常疼。它一心想捉住老鼠，老鼠却早已安全地逃回到鼠洞中。

公牛便用角去撞那堵墙，精疲力尽之后，便躺倒在洞边睡着了。老鼠偷偷地爬出洞口看了看，又轻轻地爬到公牛的肋部，咬了它半天。公牛醒来后，发现自己伤痕累累，却也无计可施。老鼠朝洞外说："大人物不一定都能胜利。有些时候，微小的东西更厉害些。"公牛虽然体格健硕，却因行动迟缓而饱受老鼠的折磨。

- ⚡ 一条大坝上没有相同的两道缝隙。每一种危机都是不同的，解决的方法也就相应的有所区别。
- ⚡ 危机不会等待你来消除。如果你没有极快的反应速度，即使你的实力很强，面对危机也会束手无策。

第三节　提高团队危机管理能力的 8 个故事

一、多重准备才保险

❓ 管理者如何帮助团队成员树立危机意识

❓ 团队成员如何做好应对危机的多重准备

多重准备才保险

　　一位专家急匆匆地走进演讲厅，他准备给全市企业家们作一个关于"危机管理"的报告。

　　他把一个U盘插入电脑，准备打开PPT。就在这个时候，电脑屏幕突然显示"系统无法读取指定的设备"。台下出现一些骚动。

　　这时，专家不慌不忙地说道："幸好，我带来了一部手提电脑。请工作人员帮我把线接好。"工作人员接好线时又发现，电脑打不开了。这时，台下的人开始议论纷纷了。

　　就在这时，专家看了看网线："不急，我的邮箱里还有，请工作人员打开我的邮箱。"可打开网址，邮箱竟然打不开。大家惊讶不已。

　　这时，专家摇了摇头，说道："真是世事难料啊。不过，我还有一个准备。"于是，他马上打了一个电话……很快，他的助手向他的另外一个邮箱中发了一封邮件。

　　PPT终于被成功打开了。

　　专家打开PPT，屏幕上赫然出现一行字：

　　"危机管理首先需要多重准备。"

　　这时，台下的企业家们不约而同地鼓起掌来。

> ✎ 只有具备较强的危机意识，才能在平时做好应对危机的充分准备。因此，管理者要努力帮助团队成员树立危机意识。
>
> ✎ 团队成员应知道有备方能无患。只有在平时做好应对危机的多重准备，才能在危机到来时从容应对。

二、扔下草帽巧脱险

目标

? 管理者应如何面对由竞争对手带来的危机

? 团队成员面对危机怎样才能做到快速行动

故事

扔下草帽巧脱险

红军长征时，贺龙率部由湖南西部向贵州进发。当时正值酷暑，每位士兵头上都戴着一顶草帽遮阳。突然，前行中的队伍被敌人的侦察机发现了。

就在这时，队伍后面又出现了追兵。贺龙灵机一动，想出一个办法。他命令部队走过一个山坳后，全部扔掉头上的草帽，然后加速前进。

后面的敌军很快就追了上来。他们看地上放着许多草帽，纷纷抢来戴在头上避暑。过了许久，敌机群出现了，它们向正在行进的戴草帽的队伍一阵狂轰滥炸。他们万万没想到，炸的都是自己人。

此时，贺龙带领的军队已顺利进入了贵州境内。

启思

✎ 面对竞争对手带来的危机，团队的管理者不能慌乱，而是要想办法把危机转化为打击竞争对手的机遇。

✎ 面对危机，团队成员要提高行动能力，只有及时行动才能有效化解危机。

三、假装自杀把敌骗

? 面对危机，团队成员应该如何做

? 团队成员如何把危险转化为机会

假装自杀把敌骗

第二次世界大战期间，在乌克兰战场，一辆苏军重型坦克一马当先冲入德军腹地，不巧它陷入了一条深沟之中，一下子动弹不得。德军围了上来，他们用枪托敲着坦克的铁甲叫道："投降吧！"

"我们绝不投降！"坦克车里传来洪亮的声音，紧接着，里面传来了"砰砰砰"几声枪响。

德军心想，既然苏军坦克手已经自杀了，将这辆重型坦克拉回去也挺好的。他们调来一辆坦克，可拉不动，只好又调来一辆，这才把那辆重型坦克给拉了出来。

没想到就在这时，苏军坦克却突然发动了，它的马力十分强劲，一下子拉起两辆德军坦克就走。德军惊慌失措，开枪射击，可子弹无论如何也打不穿重型坦克的钢甲。原来坦克里的苏军士兵是假自杀。德国士兵只好眼睁睁地看着苏军坦克开走了，而且还拉走了自己的两辆坦克。

⚡ 危机到来时，团队成员应沉着冷静，根据具体情况灵活应对。

⚡ 危机＝危险＋机会。危机的到来往往也代表着机会的来临，团队成员要努力发掘危机背后隐藏的机会，善于转危为机。

四、蚂蚁灭火不慌乱

？ 危机过后，团队成员应该做哪方面的工作

？ 管理者如何制定团队危机处理办法与计划

蚂蚁灭火不慌乱

有科学家曾做过一个实验，把一盘点燃的蚊香放进一个蚁巢里。蚊香的火光与烟雾使惊恐的蚂蚁乱作一团，但片刻之后，蚁群变得镇定了，开始有蚂蚁向火光冲去，并向燃烧的蚊香喷出蚁酸。随即，越来越多的蚂蚁冲向火光并喷出蚁酸。一只小小的蚂蚁喷出的蚁酸是有限的，因此，许多冲锋的"勇士"葬身在了火光中。但更多的蚂蚁踏着死去蚂蚁的尸身冲向了火光。过了不到一分钟的时间，蚊香的火被扑灭了。在这场灾难中存活下来的蚂蚁们立即将献身火海的"战友"的尸体转运到附近的空地摆放好，在上面盖上一层薄土，以示安葬和哀悼。

过了一个月，这位科学家又将一支点燃的蜡烛放进了上次实验的那个蚁巢里。面对更大的火情，蚁群并没有慌乱，而是在以自己的方式迅速传递信息之后，开始有条不紊地调兵遣将。大家协同作战，不到一分钟烛火即被扑灭，而蚂蚁们几乎无一死亡。

✎ 优秀的团队不仅在面对危机时能够团结一心，还应在危机过后具有极强的总结能力。

✎ 危机处理办法与计划是团队面临危机时必不可少的制胜法宝，管理者应事先做好团队危机处理办法与计划。

五、看到古画解危难

目标

? 管理者如何通过对细节的观察化解团队危机

? 面对危机，团队成员如何通过细节进行沟通配合

故事

看到古画解危难

　　唐德宗建中二年，临洺被叛军围困，城内物资消耗殆尽。临洺守将张伾苦思突围之策，可叛军实力过于强大，突围似乎不可能，该如何向城外报信呢？

　　张伾在书房内来回踱着步，突然，他看见墙上的一幅古画，那是一幅牧童风筝图。看着看着，张伾眼前一亮，他跑出书房，下令手下去做一只大风筝。

　　风筝做好后，张伾把紧急求援信贴在风筝背后。当天下午，临洺城内突然飞起一只风筝，它顺着风势，一下子飞到叛军上空。叛军首领下令弓弩手射它，可风筝已飞到一百多丈高，超出了弓箭的射程。

　　过了不久，风筝飞到了城外很远的地方，张伾于是下令割断绳线。城外的军队收到了求援信，马上派出援军。张伾在城内积极响应，里应外合，终于打败了叛军。

启思

　　✎ 面对危机，团队成员要善于进行发散性思考，从工作或生活的细节中找到应对危机的有效措施。

　　✎ 没有解决不了的危机，只有不善于发现的管理者。管理者只有细心观察、积极思考，才能指导团队有效化解危机。

六、暗中打人为生还

目标

? 危机来临时，团队成员如何避免产生过度恐惧的心理

? 管理者如何减轻团队成员面对危机时产生的压力

故事　**暗中打人为生还**

　　某煤矿发生瓦斯爆炸，唯一的出口被堵得严严实实，五名矿井工人被困其中。幸运的是，矿井里备有少量食物和饮用水，这给他们赢得了生机。一个星期过去了，矿工们始终听不到救援队的声音。有人开始烦躁起来，还有人凄厉地呼喊着，大家感觉精神都要崩溃了。

　　突然，黑暗中传来"啪"的一声，马上有人叫了起来："谁打我？"其余四个人都开始辩解。可被打的人就是纠缠着他们不放，一个个地审问。过了许久，又听到"啪"的一声，又有人挨打了，马上传来了一阵吵嚷声。就这样，时间在不时的吵嚷声中悄悄流逝着。直到在暗无天日的井底足足被困了23天后，他们终于获救了。

　　后来，躺在医院里，矿工们开始讨论究竟是谁在打人，一位矿工笑着说道："都是我打的。"

　　"你疯了吗？"矿友们问道。

　　"不，"他笑着回答，"我这样做，是为了提醒大家，我们必须活着。"

启思

　✔ 危机本身并不可怕，可怕的是对危机的过度恐惧。过度的恐惧会让团队成员失去正常的判断能力，从而使其应对危机的行动变得迟疑与缓慢。

　✔ 面对危机，团队成员会承受较大的压力。此时，管理者应采取恰当的措施帮助团队成员减轻压力，从而为团队战胜危机打下良好的心理基础。

七、我也放火抵政变

? 团队成员面对危机应持有怎样的态度

? 管理者面对危机时，如何进行逆向思考

我也放火抵政变

　　南北朝北周武帝三年，武帝外出巡视。不料他刚走，长安城内就发生了政变。皇子宇文直因没被父亲立为太子，趁父亲出巡开始发难。

　　当天上午，宇文直率领军队直袭长安肃章门，长孙览见状抱头鼠窜，就在这时，轮值军官尉迟运看到宇文直率部冲过来，知道发生了政变，于是拼命把城门关上。

　　宇文直下令放火烧门。尉迟运一见外面火焰冲天，心想："你们放火，我也放火。"他下令搬来了大量可燃物，堆积在门内。就在门快被烧完时，他下令把里面的木材也点着。大火烧了很长时间，宇文直的军队受到大火阻拦，无法冲进城内，只得退兵。

　　武帝出巡回京后，立即派人捉拿了宇文直，并重重犒赏了尉迟运。

　✎ 看似无法处理的危机，其实都有应对措施。团队对危机的态度不应是逃避，而应是随机应变，要根据情况找出应对危机的灵活措施。

　✎ 逆向思维是解决危机的有效思维方式。管理者面对危机时应进行积极的逆向思考，把不利的因素变成有利的因素，从而找出化解危机的有效办法。

八、风雨同舟渡难关

? 在危机中怎样利用团队的力量

? 怎样利用危机扩大团队的力量

风雨同舟渡难关

春秋战国时期，吴国和越国连年交战，两国的百姓相处也不和睦。有一次，几个吴国人和几个越国人共乘一条渡船渡河。开始时，他们都不理睬对方。当船行至河心时，狂风骤起，惊涛骇浪扑面而来，渡船随时都有被吞没的危险，这时，他们忘记了仇恨，互相帮助，齐心协力，共渡难关，终于使渡船平安到达对岸。

◤ 在危机中只有互相合作才能共渡难关。

◤ 保持团队的稳定和睦，在危机中方能保全力量。

第四节 提高团队危机管理能力的两个游戏

一、遭遇危险怎么办

? 树立游戏参与者的团队意识和团队合作精神

? 提高游戏参与者遇到危机时的团队应变能力

　遭遇危险怎么办

游戏介绍	这是一个用特设的场景来培养小组创新精神的游戏。可用于培养学员合作配合、共同解决问题的意识。		
人数	20 人	时间	50 分钟
场地	空地、操场或室内		
用具	每组一套以下用具： 1. 四根直径约 20 厘米，长约 45 厘米的圆木； 2. 一块硬木板，其长度约为 4 米，宽度约为 30 厘米，厚度约为 5 厘米； 3. 一根 6 米长的粗绳子。		
游戏步骤	1. 让队员们每五个人组成一个小组，指定一个小组长。 2. 让所有小组到起点站好，给每个小组发圆木、木板和绳子。 3. 告诉各小组，他们的任务是用发给他们的材料越过一片"危险"地带，并详细说明游戏玩法。 4. 宣布游戏开始。 5. 游戏结束，游戏指挥者带领游戏参与者进行问题讨论。		

（续表）

游戏玩法	小组正在工厂的一个角落里进行一项技改工作。突然，你们中有人发现一个输送新型强酸的管道漏了，而且已经有很多强酸从管道中流了出来，这些强酸在地面上蔓延了约10米宽，挡住了你们逃离危险的去路。强酸挥发出来的气味越来越强烈，你们已经逐渐感到呼吸困难，所以必须尽快逃出去。你们不能从强酸上面走过去，因为不论你们身体的哪一部分碰到这种酸，都会在数秒内被溶化掉。你们目前唯一可用的工具就是四根圆木、一块木板和一根绳子。这四根圆木经过了耐腐蚀处理，它们可以接触强酸。木板和绳子不能接触强酸，它们碰到这种强酸的话也会立刻被溶化掉。如果在穿越的过程中有人碰到了酸，整个小组必须立刻返回原地，让受伤的队员到一个特殊淋浴器下面冲洗，这是抑制强酸灼伤的唯一办法，然后，整个小组才能重新开始穿越。如果木板或绳子碰到了酸，也必须进行同样的处理，否则的话整个木板或绳子都会被溶化掉。游戏成功的条件是整个小组都能安全地越过这片强酸地带。
问题讨论	1. 你们在游戏过程中碰到了什么问题？是怎样分析、怎样解决的？ 2. 每个人都充当了什么角色？是否都能积极参与，共同解决问题？小组长是否进行了有效的领导？ 3. 你认为小组的整个运作过程有效吗？关于进一步提高小组的运作，你的建议是什么？

语录

❋ 遇到危机的时候，团队的管理者必须挺身而出，勇敢地站在危险最前沿，镇定自若地指挥团队战胜危机。

❋ 危机本身是一段不稳定的情境，管理者若能在第一时间认识危机，处理得当，就能为团队创造更美好的未来。

二、危机公关写方案

? 增强游戏参与者对危机的深刻认识和理解

? 提高游戏参与者危机处理和危机公关能力

危机公关写方案

人数	10 人	时间	30 分钟
场地	不限	用具	每人一张白纸、一支笔
游戏步骤	1. 培训师向所有学员讲述以下内容。 假如你们是某家食品企业的管理人员，你们企业生产的食品主要用于出口，但是就在昨天晚上，你们接到有关方面的消息，某国某市的一家三口在前天食用你们企业生产的食品后出现中毒症状，现在正在医院抢救。该国警方昨天公布的调查结果称，在食品中检测出有机磷杀虫剂"甲胺磷"，而且浓度高达 3 000ppm。该数值是人体每天摄入的最大无害量的约 10 000 倍。你们企业在产品原材料采购和产成品出库时都经过了严格检验的，并保留了每个批次产品的样本。虽然这样严格的质量管理体系流出不合格产品的可能性微乎其微，但是危机已经发生，只有认真对待。 2. 请每位学员在白纸上写下你的危机处理方法和策略，全体学员讨论怎样才能做好此次危机处理和公关并制定方案。		

🖎 危机管理的第一步是正确认识危机。管理者往往因为无法正确认识危机，导致在危机处理过程中产生极大的误差，徒然增加处理成本。

🖎 危机处理的过程极为灵活，处理方案也必须适应危机主体的条件与个别差异，否则将徒劳无功。

《团队建设能力培训全案（第3版）》
编读互动信息卡

亲爱的读者：

感谢您购买本书。只要您以下三种方式之一成为普华公司的**会员**，即可免费获得普华每月新书信息快递，在线订购图书或向我们邮购图书时可获得免付图书邮寄费的优惠：①详细填写本卡并以**传真（复印有效）或邮寄**返回给我们；②**登录普华公司官网注册成为普华会员**；③关注微博：@普华文化（新浪微博）。会员单笔订购金额满300元，可免费获赠普华当月新书一本。

哪些因素促使您购买本书（可多选）

○本书摆放在书店显著位置　　　○封面推荐　　　　　　○书名

○作者及出版社　　　　　　　　○封面设计及版式　　　○媒体书评

○前言　　　　　　　　　　　　○内容　　　　　　　　○价格

○其他（　　　　　　　　　　　　　　　　　　　　　　　　　　　　）

您最近三个月购买的其他经济管理类图书有

1.《　　　　　　　　》　　2.《　　　　　　　　》

3.《　　　　　　　　》　　4.《　　　　　　　　》

您还希望我们提供的服务有

1. 作者讲座或培训　　　　　　2. 附赠光盘

3. 新书信息　　　　　　　　　4. 其他（　　　　　　　　　　　　）

请附阁下资料，便于我们向您提供图书信息

姓　　名　　　　　　联系电话　　　　　　职　　务

电子邮箱　　　　　　工作单位

地　　址

地　　址：北京市丰台区成寿寺路11号邮电出版大厦1108室
　　　　　北京普华文化发展有限公司（100164）

传　　真：010－81055644

读者热线：010－81055656

编辑邮箱：liuying@ puhuabook. cn

投稿邮箱：puhua111@ 126. com，或请登录普华官网"作者投稿专区"。

投稿热线：010－81055633

购书电话：010－81055656

媒体及活动联系电话：010－81055656　　　　　邮件地址：hanjuan@ puhuabook. cn

普华官网：http：//www. puhuabook. cn

博　　客：http：//blog. sina. com. cn/u/1812635437

新浪微博：@普华文化（关注微博，免费订阅普华每月新书信息速递）